BIBLIOTHÈQUE

Economique.

TOME XIII.

AF344038

Z 173·
Sa.13

IMPRIMERIE DE CASIMIR,
rue de la Vieille-Monnaie, n° 12.

HISTOIRE

DE RUSSIE.

L'instruction est l'amie de tous.

A PARIS,

CHEZ DAUTHEREAU,

A LA LIBRAIRIE AU RABAIS,

Grande cour du Palais-Royal, côté du Théâtre-
Français, n° 21 *bis*.

1826.

HISTOIRE

DE RUSSIE.

<hr>

Lᴇ cadre exigu qui nous est imposé, ne comporte pas les recherches scientifiques. Nous n'essaierons donc point d'analyser les hypothèses plus ou moins probables, présentées par les historiens de la Russie, pour établir l'origine de ses habitans et l'étymologie de leur nom ; laissant de côté cet obscur dédale où se sont égarés de plus habiles que nous, et sans prétendre arracher aux ténèbres qui les couvrent, des événemens douteux et isolés, nous prendrons, pour point de départ, le neuvième siècle, époque sur laquelle des documens plus authentiques nous

permettent de parler avec quelque as-
surance.

La Russie, aujourd'hui le plus puissant empire de l'Europe, ne fut, dans
l'origine, qu'un état de peu d'étendue
et sans importance ; ces contrées, que
la conquête a réunies sous la main d'un
despote puissant, étaient alors divisées
en une foule de petites provinces, les
unes obéissant à un prince souverain,
les autres soumises à un gouvernement
démocratique ; indépendantes ou tributaires, selon qu'elles étaient plus
fortes ou plus faibles que leurs voisins.

Novgorod la Grande, siége d'une république dont le pouvoir ne s'exerçait
guère au-delà des portes de la ville,
paraît avoir été le berceau de la monarchie russe. Située près du lac
Ilmen, elle avait acquis une certaine
suprématie, qu'elle devait à la forme
de son gouvernement et aux relations
commerciales qu'elle entretenait avec
le Levant. Son commerce consistait en
pelleteries, poissons salés, sel, cire,

miel, qu'elle échangeait contre du vin, du drap, des étoffes.

Puissans tant qu'ils demeurèrent unis, les Novgorodiens s'étaient rendus redoutables aux petites principautés dont ils étaient entourés, et les avaient obligées, pour la plupart, à payer des tributs annuels; mais affaiblis par des divisions intestines, ils subirent eux-mêmes, vers le neuvième siècle, le joug des Varaigues, peuples d'origine Scandinave, qui leur imposèrent un chef, nommé Rourik.

Ce prince, le premier qui commanda en maître dans Novgorod, est regardé comme le fondateur de la monarchie : il commença une dynastie qui occupa le trône pendant huit siècles, et donna cinquante-deux souverains à la Russie.

Quelques révoltes tentées sans succès, ne servirent qu'à mieux consolider le pouvoir dans les mains du nouveau chef, et Vadime, l'un des principaux meneurs, ayant été tué par lui dans un combat, ses droits, ainsi légitimés

par la force, ne trouvèrent plus d'opposition. Il put, à son aise, chercher
les moyens d'assurer à ses descendans
le sceptre qu'on lui avait donné.

Il assigna, aux principaux d'entre
ses compagnons, des gouvernemens,
des commandemens militaires, et dis-
tribua vraisemblablement les terres
aux hommes dont il voulait récom-
penser les services ou acquérir l'amitié.

Il avait su tellement comprimer le
peuple par la terreur, qu'à sa mort
(901), Oleg, son parent, qu'il avait
nommé tuteur d'Igor, son fils, trop
jeune encore pour gouverner par lui-
même, prit les rênes du gouvernement,
sans que personne songeât à profiter
de cet événement pour rétablir l'ancien ordre de choses.

Rourik, occupé à l'intérieur, avait
évité avec soin toute guerre étrangère;
Oleg ne suivit pas cet exemple. A peine
sur le trône, il réunit des forces impo-
santes, et parcourut différentes contrées qu'il rendit tributaires. Kief,

dont il s'empara par trahison , après avoir lâchement assassiné les princes qui y commandaient, devint le siége du gouvernement.

Il partit de là à la tête de quatre-vingt mille combattans , descendit le Dnié-per ; et, à travers des obstacles presque insurmontables , portant la mort et la dévastation , il alla lever, sur Constantinople , un énorme tribut (904).

Igor, fils de Rourik , avait près de quarante ans quand la mort d'Oleg l'affranchit enfin de la tutelle, et lui permit de prendre le maniement des affaires. Son règne fut une suite continuelle de combats. Après avoir soumis de nouveau quelques nations voisines, qui se refusaient de payer le tribut que leur avait imposé Oleg, il se dirigea, à la tête d'une puissante armée , que l'on ne fait pas monter à moins de quatre cent mille hommes, contre l'empire grec, qu'il envahit et remplit de meurtres et de désolations. Mais, au milieu de leur course désastreuse, ses troupes, surprises tandis qu'elles se gorgeaient de butin, furent défaites, et obligées à une retraite précipitée.

Igor périt quelque temps après dans une expédition contre les Drévuliens; Olga, sa femme, vengea la mort de son époux par là destruction presque totale de ces peuples. Après un gouvernement sage de quelques années, elle se démit de la puissance royale en faveur de Sviatoslaf son fils.

Les chroniqueurs du temps parlent, avec le plus grand éloge, de l'énergie et de la beauté de cette princesse; ils prétendent que, dans un voyage qu'elle fit à Constantinople, à l'âge de soixante-deux ans, Constantin Porphyrogénète, qui régnait alors sur la Grèce, voulut l'épouser. Quoi qu'il en soit de ce fait, qui paraît au moins douteux, il est certain qu'elle se fit instruire dans la doctrine des chrétiens, et reçut le baptême sous le nom d'Hélène.

Une chose digne de remarque, c'est que son exemple et ses exhortations furent sans influence sur les Russes, et que la crainte du ridicule arrêta tous ceux qui auraient été tentés de l'imiter.

Sviatoslaf, intrépide et farouche (955), conduisit ses soldats, pendant vingt-sept ans, de conquêtes en conquêtes; après avoir chassé les Bulgares de leurs possessions sur le Danube, il voulait transporter le siége de l'empire à Prislaw, en Romélie, quand un message de l'empereur grec Nicéphore Phocas, qui implorait son secours contre les mêmes Bulgares qu'il avait déjà vaincus, lui remit les armes à la main; il les défit de nouveau dans une sanglante journée; mais, par une perfidie assez ordinaire dans ces temps, les contrées qu'il venait de défendre, étant à sa convenance, il s'y installa et refusa de les abandonner.

« Nous ne quitterons ce beau pays,
« répondit-il aux envoyés de l'empe-
« reur grec, que lorsque vous aurez
« racheté les villes et les prisonniers

« qui sont en notre pouvoir, et si vous
« refusez de subir cette condition, si
« vous ne voulez pas payer, quittez
« l'Europe et retirez-vous en Asie;
« Grecs, vous êtes des femmes, et
« nous, nous sommes des hommes de
« sang. »

Cependant l'effet ne répondit pas à la fierté de cette provocation, et la guerre, conduite avec habileté par les généraux grecs, amena la destruction complète de l'armée russe. Sviatoslaf, échappé au massacre avec un petit nombre des siens, tomba, à son retour dans ses états, entre les mains des Petchenèques qui les exterminèrent jusqu'au dernier. Selon les mœurs de l'époque, le crâne du vaincu servit de coupe au vainqueur.

Les enfans de Sviatoslaf se disputèrent la couronne de leur père: Vladimir, vainqueur et meurtrier de ses frères, s'assit seul sur le trône. L'histoire le surnomma *le Grand*, et Rome le canonisa, moins pour ses vertus, sans doute, que parce que le premier il introduisit ouvertement le christianisme dans ses états.

Le baptême, au surplus, n'opéra pas en lui une grande métamorphose, et il se montra aussi féroce chrétien qu'il avait été idolâtre impitoyable.

L'établissement de ce nouveau culte ne paraît avoir été en Russie l'occasion d'aucune de ces dissensions qui ensanglantèrent la plupart des autres états de l'Europe; le prince ordonna d'adorer le Dieu des chrétiens, et le peuple obéit sans discussions; cette apathique indifférence a été de tous temps une qualité essentielle chez les esclaves.

A la mort de leur père, les enfans de Vladimir se firent une guerre atroce, pour s'emparer de sa succession. Ce fut Jaroslaf, l'un d'eux, qui sortit vainqueur de cette lutte. On cite de ce prince un trait de piété bien digne de l'époque (1017) : pour effacer la tache d'idolâtrie avec laquelle étaient morts ses oncles, que Vladimir avait immolés à son ambition, il fit déterrer et baptiser leurs ossemens.

Henri Ier, roi de France, épousa une fille de Jaroslaf *. Cette union fut due, à ce qu'il paraît, aux instigations du pape, qui espérait, par ce moyen, détacher la Russie de l'Eglise d'Orient, à laquelle elle s'était unie dans le principe.

Jaroslaf est le premier souverain qui se soit occupé de la législation de la Russie. Ses institutions portent, pour la plupart, l'empreinte d'une sagesse qui doit rendre son nom recommandable, et le tirer de l'obscurité et du mépris qui couvrent la race de Rourik. La loi du talion qui, jusqu'à lui, s'appliquait à toutes les voies de fait indis-

* La princesse qu'épousa Henri Ier se nommait Anne. Par elle, quelques gouttes du sang de Jaroslaf coulèrent encore dans les veines de nos derniers rois. Elle fut mère de Philippe Ier et quadrisaïeule de Louis IX, qui lui-même est auteur de la maison de Bourbon par Robert son sixième fils.

tinctement, fit place à des lois plus équitables, qui graduèrent les peines, selon les circonstances. Les êtres faibles furent protégés plus efficacement que les forts; les esclaves mêmes furent mis sous la sauvegarde de la loi. Il introduisit les compositions pécuniaires que ses successeurs étendirent à tous les crimes, en abolissant la peine de mort; il diminua le taux de l'intérêt qui fut limité à 150 pour 100 *.

Les marchands et les étrangers sur-

* On trouve dans Muller une explication de cet intérêt, qui paraît exorbitant au premier abord. « L'argent était si rare en Russie à la fin du treizième siècle, dit-il, que l'on vit des villes se racheter du pillage pour cinq écus. Jusqu'à cette époque, et encore long-temps après, les peaux d'animaux servaient seules de monnaie. »

On conçoit facilement qu'une monnaie qui devait perdre si promptement de sa valeur, ne pouvait se prêter qu'avec la certitude de recouvrer en quantité ce que l'on aurait perdu en qualité.

tout furent appelés à jouir des plus grands priviléges; ils étaient payés de préférence à tous autres créanciers, et l'on n'en exigeait que deux témoins, dans les cas où les autres individus devaient en produire sept.

La justice était rendue par des juges ambulans, qui, pour la plupart, ne savaient pas lire. Cette circonstance ne contribua pas peu sans doute à favoriser les prétentions du clergé, qui, là comme partout ailleurs, ne tarda pas à s'attribuer la connaissance exclusive d'une foule de causes qui, par leur nature, sortaient de sa juridiction.

Nous nous dispenserons de présenter le détail monotone de l'anarchie, qui, après la mort de Jaroslaf, pesa pendant deux siècles sur la Russie. Des frères qui s'entr'égorgent; des enfans avides de régner, qui portent sur leurs pères des mains sacriléges; des villes libres aujourd'hui, esclaves demain, qui passent d'un tyran à un autre; des guerres d'extermination, sans utilité, sans but et sans résultats; tel est, en peu de mots, le tableau des événemens dont ce pays fut le théâtre pendant ce laps de temps. Et si l'on en excepte Vladimir, deuxième du nom, qui fit quelques changemens plus ou moins heureux dans la législation, aucun prince ne mérite d'être nommé par l'histoire.

Cependant au milieu de l'anarchie qui désolait la Russie, les relations de commerce que le peuple entretenait avec les Grecs, avaient introduit peu à peu le goût des arts, et le luxe fastueux de l'Orient avait trouvé des partisans. Quelques temples et palais s'étaient élevés. Les Russes, tout en conservant leurs mœurs féroces, commençaient à perdre de la sauvage énergie de leurs ancêtres. Ils ne ressemblaient plus à ces hommes de fer, dont jadis le nom seul inspirait l'épouvante; et quand, précédée du bruit de ses exploits, l'armée de Gengiskan se présenta sur les frontières de l'empire, elle n'éprouva qu'une bien faible résistance. Les troupes nombreuses, qui devaient lui en disputer l'entrée, lâchèrent le pied au premier choc et se débandèrent (1227). L'intérieur du pays se soumit sans combats ; les habitans avaient échangé leurs longues framées, qui avaient été si redoutables aux ennemis de l'état, contre des bannières et des croix. Si, guidés par des moines et des évêques, ils osaient sortir des villes, ce n'était pas dans l'espérance de vendre chèrement leur vie, mais pour attendrir de farouches vainqueurs et implorer leur pitié. Il est peu vraisemblable que les dehors pompeux d'une religion qui n'était pas la leur, aient pu arrêter des soldats habitués au carnage. Aussi dit-on qu'au retour de cette expédition, les lieutenans de Gengiskan furent comblés de faveurs par leur chef, étonné du grand nombre de prisonniers qu'ils traînaient après eux.

Les Tatars avaient marqué par la

destruction leur passage en Russie, mais **aucun** établissement n'annonçait chez **eux** la volonté de conserver leurs conquêtes, et en abandonnant le pays ils avaient renoncé, par le fait, aux droits d'un moment que la victoire leur **avait** donnés.

Débarrassés de ces terribles ennemis, les Russes ne se montrèrent ni plus prudens, ni plus sages; l'anarchie et les dissensions civiles recommencèrent à désoler l'empire, et l'invasion de Bati, l'un des fils de Gengiskan, qui eut lieu dix ans après la première (1237), ne les trouva pas mieux préparés à la défense.

Cette excursion, et celle qu'ils firent l'année suivante, n'amenèrent pas de grands résultats pour les Tatars. Ils brûlaient, saccageaient tout sur leur passage; mais leur pouvoir, tout entier dans la force, ne s'étendait pas plus loin que leurs lances; ils s'écoulaient, laissant aux vaincus, par leur départ, la même liberté qu'ils avaient avant le combat.

Cependant Bati, de retour dans le Kaptchak, après une expédition glorieuse contre la Hongrie, exigea (1246) que Jaroslaf, grand prince de Volodimer, se reconnût tributaire; et il le contraignit de venir rendre hommage à lui d'abord, comme souverain immédiat, puis au fils de Gengiskan, chef de la grande horde des Mongols, duquel lui-même tenait ses pouvoirs.

Le vasselage des princes russes dura, depuis cette époque, jusqu'à Ivan III, sans qu'aucun d'eux osât se mettre en possession de ses états, avant d'être allé à la cour du khan lui jurer foi et hommage. La posture dégradante qu'il fallait prendre, les termes humilians dont on devait se servir pour prêter serment de fidélité, ne paraissent pas avoir arrêté un seul ambitieux, et l'histoire du temps nous en montre, au contraire, plusieurs implorant l'intervention des Tatars pour ranger au devoir des sujets, qui refusaient de les reconnaître, ou pour

combattre des compétiteurs heureux.

La Russie comptait alors autant de petits états qu'il y avait de villes un peu considérables. Le trône était héréditaire sans distinction de primogéniture; il suivait de là qu'après s'être partagé la succession de leur père, les enfans revenaient presque toujours par la force sur les conventions du partage.

Un pareil système de gouvernement qui n'offrait rien de stable dans ses institutions, s'opposait à tous les progrès de la civilisation; sans cesse les armes à la main pour défendre ou attaquer, les princes ne pouvaient guère s'occuper d'améliorations; le pays, parcouru en tous sens par une soldatesque grossière, demeurait sans culture; le commerce était tellement nul qu'au quatorzième siècle la monnaie métallique était inconnue chez eux, et que les seuls moyens d'échange consistaient encore dans les produits spontanés de la nature, en miel, cire, sel et surtout en pelleteries *.

Plusieurs principautés finirent cependant par acquérir une suprématie prononcée sur les autres; c'étaient dans des contrées différentes, Volodimer et Novgorod la Grande : le prince de Volodimer prenait bien le titre de souverain de toute la Russie; mais ce titre, purement honorifique, ne rangeait sous son obéissance que ceux de ses sujets qui ne se sentaient pas assez forts pour s'en affranchir sans danger.

En 1362, Dmitri Ivanovitch essaya vainement de se soustraire au joug des Tatars. Une bataille sanglante qu'il livra avec succès aux ennemis sur les bords du Don, lui valut le glorieux

---

* La valeur qu'ils avaient attribuée à ces derniers objets, *les pelleteries*, présentait cependant une certaine combinaison monétaire assez ingénieuse. La peau de grive servait d'unité ou de point de comparaison; elle valait vingt peaux de martres, laquelle à son tour représentait vingt peaux d'écureils, etc.

surnóm de Donski; mais abandonné par ses alliés, il ne put profiter de sa victoire ni résister aux Tatars, qui, dans une seconde invasion, désolèrent ses états et l'obligèrent à payer un tribut considérable.

Les historiens font le plus grand éloge du courage et des excellentes qualités de ce prince; ils lui reprochent seulement d'avoir persécuté les hérétiques avec fureur.

Vassili II, qui lui succéda, régna avec gloire; il s'attacha d'abord à re-composer la nation russe, en réunissant sous sa domination toutes les différentes principautés; il entreprit ensuite la guerre contre le khan de Kaptchak. Il la conduisit avec bonheur, et, s'il ne réussit pas à secouer entièrement le joug des Tatars, il contribua du moins à affaiblir la puissance de ces peuples.

Le règne de Vassili III, sans aucune importance politique, présente une série d'événemens d'une bizarrerie étonnante : loin de suivre l'exemple de son père, le premier acte de ce prince à son avénement, fut de reconnaître la suzeraineté du khan, et d'implorer son appui pour se maintenir sur le trône, d'où son oncle Iouri voulait le précipiter. Mais les prétentions de ce dernier, soutenues par une puissante armée, prévalurent sur la décision du khan; Vassili fut vaincu. La mort de son heureux compétiteur lui rendit bientôt la liberté et la couronne, qu'il perdit quelque temps après, par l'issue d'un combat, dans lequel il fut fait prisonnier par les Tatars, et conduit dans le Kaptchak. Le khan se borna à exiger de lui une rançon, et le renvoya dans ses états. Mais pendant son absence, le sceptre était passé entre les mains d'un des fils d'Iouri qui, moins généreux que le khan, l'envoya en exil après lui avoir fait crever les yeux. La fortune, lassée de le persécuter, lui rendit enfin ses faveurs : son adversaire ayant été obligé de se réfugier dans des états voisins, il fut rappelé par ses sujets, et remonta sur le trône qu'il conserva jusqu'à sa mort, arrivée en 1462.

Ici commence, pour la Russie, une ère nouvelle : Ivan III, par son génie, la tira du long esclavage qui pesait sur elle depuis trois siècles, et réunissant en un seul corps les portions divisées de ce vaste empire, l'appela à jouer un rôle dans les affaires politiques de l'Europe, et lui fit prendre rang parmi les nations.

La révolution, qui s'accomplit sous le règne d'Ivan III, avait été préparée long-temps à l'avance ; le droit de primogéniture s'était établi peu à peu ; par la force même des choses, on avait senti que la loi naturelle devait céder au bien de l'état ; enfin, on avait compris la nécessité des agrégations. Mais il fallait un homme qui eût assez de talent et d'énergie pour opérer cette réforme. Cet homme fut Ivan III.

Ce prince signala son avénement

(1462) par une entreprise nationale :
il attaqua les Tatars, et, après une
lutte longue et opiniâtre, força Ibra-
him, leur chef, à demander la paix.
L'habileté et la bravoure qu'il montra dans cette guerre, augmentèrent
sa puissance et diminuèrent, en raison de la gloire qu'il acquit, les obstacles qu'il aurait rencontrés dans
l'exécution de ses projets, pour l'établissement d'un trône unique en Russie.
Les petits états, pour la plupart, pré-
vinrent ses ordres et se soumirent de
bonne grâce.

Novgorod la Grande, importante
par ses richesses, sa population et son
commerce, s'était toujours montrée
jalouse de son indépendance. Ivan devait craindre de sa part une vigoureuse
résistance ; heureusement la division
se mit parmi ses habitans, et après
quelques tentatives, elle subit le joug,
et fut définitivement incorporée aux
états du grand prince (1475).

A la tête de ses nouveaux sujets,

Ivan recommença la guerre contre les Tatars; il alla les chercher dans leur pays, et, aidé des Nogais, porta le dernier coup à cette puissance, qui tenait la Russie en esclavage depuis si long-temps.

Cette victoire consolida le pouvoir d'Ivan, et lui permit d'achever son ouvrage; il réunit à la couronne plusieurs villes qui n'avaient pas encore reconnu son autorité, et s'empara, sous différens prétextes, de quelques contrées voisines.

Le roi de Pologne, qui n'avait pas vu sans crainte s'élever près de lui un si redoutable voisin, chercha à entraver ses desseins, d'abord par des menées sourdes, et ensuite à force ouverte; mais ses tentatives demeurèrent sans succès : les conspirateurs qu'il soudoya furent découverts et punis, et ses armées battues et repoussées.

La gloire d'Ivan fut rapidement portée dans toutes les cours de l'Europe. Les souverains s'empressèrent à l'envi de briguer son amitié, et lui envoyèrent des ambassadeurs. Il consentit sans peine aux traités d'alliance qu'on lui proposait, et en profita pour attirer dans ses états, des artistes, des ouvriers de tous états, des ingénieurs qu'il sut y retenir par l'appat des plus grandes récompenses. Il échangea le titre de grand-prince contre celui de grand-duc, que son petit-fils abandonna pour celui de tzar; il encouragea les beaux-arts et l'industrie, et embellit Moscou, qui devint la capitale de l'empire.

Vassili IV lui succéda, en 1505; il fit la guerre avec le même bonheur que lui, humilia le roi de Pologne auquel il enleva la ville de Smolensk qu'il réunit à l'empire, et mourut en 1534 après avoir consolidé par de nouvelles victoires les institutions de son père.

Hélène, sa femme, prit, en qualité de régente, les rênes du gouvernement. Cette princesse, galante et cruelle, remplit l'empire de troubles et de dissensions, qui, après sa mort, allèrent encore en augmentant jusqu'à ce qu'enfin, parvenu à sa quatorzième année, Ivan V, son fils, commença à prendre lui-même le timon des affaires.

Ivan V, Vaniliéwitch, porta le premier le titre de *tzar*. Son règne fécond en événemens importans, est fameux dans l'histoire. Les écrivains de l'époque désignent ce prince sous le nom du *tyran Basilides*, et les traits d'une révoltante cruauté qu'ils en rapportent les justifient pleinement. Mais ses vues profondes, sa politique adroite et ses institutions, décèlent l'homme de génie, et l'on ne peut nier que, sous ces rapports, il n'ait des droits à un surnom glorieux.

A son avénement, il trouva la Russie mal organisée : il n'existait pas de troupes permanentes, et le recrutement de l'armée à peu près volontaire, dépendait presque toujours du dévouement de la noblesse, ou de la puissance du souverain ; les nobles seuls devaient un service militaire, et seuls ils avaient droit au commandement plus ou moins important, selon leur rang, ou plutôt selon l'étendue des terres qu'ils possédaient et le nombre de paysans qu'ils nourrissaient; c'étaient ces derniers, qui, avec les ouvriers de différentes professions, formaient l'infanterie; les nobles combattaient à cheval et constituaient la principale force des armées; les cultivateurs, les bourgeois, et surtout les marchands, ne prenaient les armes que dans les cas d'absolue nécessité.

La guerre finie, les troupes se dispersaient, et chaque soldat reprenait ses occupations.

Le vieux code de Jaroslaf, rajeuni de temps à autre par quelques réglemens particuliers, contenait à lui seul toute la législation.

L'aspect extérieur de la Russie n'offrait rien de bien rassurant pour un empire restauré depuis si peu de temps. Les nations voisines s'agitaient et semblaient disposées à s'opposer de tout leur pouvoir à l'agrandissement d'un peuple déjà si redoutable pour elles.

La Pologne, forte de troupes nombreuses et aguerries, avait préludé, sous les règnes précédens, à la lutte opiniâtre qui devait se terminer par son asservissement.

Les Tatars de Crimée, dispersés plutôt qu'anéantis par Ivan III, avaient relevé les murs de Kasan ; et, ce peuple, qui s'était fortifié dans l'ombre, reparaissait sur la scène avec une attitude menaçante.

D'un autre côté, dans la Livonie, les chevaliers porte-glaives *, toujours prêts à s'unir avec les adversaires des princes russes qu'on regardait comme l'ennemi commun, n'attendaient qu'un

---

* L'ordre des chevaliers *de la milice du Christ ou Porte-Epée* fut fondé en l'an 1200 par l'évêque Albert : trop faible pour se soutenir en Livonie, il se réunit en 1237 à l'ordre teutonique et acquit par ce moyen une grande puissance.

moment favorable pour se prononcer :
ces soldats du Christ avaient déjà prouvé aux Russes, dans plus d'une rencontre, leur bravoure et leur habileté.

Dans ces circonstances difficiles,
Ivan, quoiqu'il fût à peine sorti de
la première enfance, montra une supériorité et une énergie peu communes chez des hommes d'un âge mûr.

Il commença par organiser une milice permanente, qui, sans le dispen-
ser toujours de l'intervention de la
noblesse, lui permettait dans certaines
occasions de se passer d'elle, et le met-
tait à l'abri des tentatives qu'on aurait
pu faire contre sa personne; car une
partie de ces nouvelles troupes était
attachée à sa garde. Il remplaça par un
fusil l'arc qui jusque-là avait été la
seule arme de trait en usage, soumit
les strelitz (c'est le nom que reçut
cette milice) à une discipline sévère,
et les astreignit à un exercice uniforme
et régulier.

Il fit réunir les anciennes lois que

l'usage avait consacrées, en créa de nouvelles, et après avoir soumis le tout à une assemblée de députés choisis parmi la noblesse, donna à ses peuples un corps de lois assez complet, qui reçut le nom de *soudobnieck*, c'est-à-dire, *manuel des juges*.

A l'exemple d'Ivan III, son aïeul, il fit les plus grands sacrifices pour attirer et naturaliser des ouvriers dans tous les genres, ingénieurs, architectes, fondeurs de métaux, etc., etc. Ce fut sous son règne que parurent en Russie les premiers médecins et chirurgiens, et c'est aussi à ce prince qu'est dû l'établissement de la première imprimerie.

Le commerce, qui se faisait autrefois avec l'Orient, avait été ruiné par les invasions des Tatars; Ivan établit avec le Danemarck et l'Angleterre, des relations qu'il consolida par des traités. Narva devint, sous ce prince, une ville marchande, où accoururent des trafiquans de toutes les nations.

Si dans ses démêlés avec ses voisins, ses armes ne furent pas toujours heureuses, il fit du moins respecter son territoire. Sentant bien qu'il ne pourrait soutenir les efforts de ses ennemis s'ils étaient réunis, il suppléa à la force par l'adresse, parvint à les diviser, les combattit l'un par l'autre, et sut mettre à profit les circonstances favorables d'accroître sa puissance et d'augmenter ses états.

La conquête de la Livonie paraît avoir été l'objet constant de l'ambition du monarque russe ; ce fut contre elle qu'il dirigea ses premières attaques : forcé de les suspendre pour repousser une invasion des Tatars qui avaient profité de son absence pour désoler l'empire, il les refoula dans leur pays et revint aussitôt à la charge contre les chevaliers porte-glaives. Henri de Galen, leur grand-maître, trop faible pour résister seul, implora l'assistance du roi de Suède. Gustave-Vasa, qui régnait alors dans ce pays, se mit aussitôt en campagne à la tête d'une puissante armée. Cette alliance aurait pu embarrasser le tzar; il eut l'adresse de la détruire en offrant (1557) au grand-maître une paix qui fut rompue aussitôt que Gustave, indigné de cette lâcheté, eut fait retirer ses troupes.

Gothard Ketler, qui dans cet intervalle avait été promu à la grande maîtrise, sollicita l'appui de la Pologne; mais incapable de supporter le poids dont il s'était chargé, et, redoutant l'issue de la guerre, il se démit bientôt de la puissance et céda ses états au roi de Pologne, sous la seule condition que les provinces de Courlande et de Semi-Galles seraient érigées en duché à son profit.

Ainsi fut anéanti, en 1561, l'ordre des chevaliers de la milice du Christ. Les provinces auxquelles il commandait, furent démembrées et réunies à la Pologne, à la Suède, au Danemarck et à la Russie.

Ivan, mécontent de ce partage, déclara la guerre à la Pologne et parvint à s'emparer de la Livonie. Mais obligé de voler à la défense de ses états, envahis de nouveau par les Tatars de Crimée, sa conquête lui échappa. Ses efforts pour la ressaisir furent inutiles, et il dut enfin renoncer à ses prétentions.

Sous son règne, la Sibérie fut réunie à l'empire. L'asservissement de ces vastes contrées, peu important dans ses résultats, agrandit la Russie sans ajouter à ses richesses. Il fut dû à un chef de Cosaques, Jermak Timofoow, qui, à la tête de cinq ou six mille brigands, se jeta dans ce pays pour échapper au châtiment que ses déprédations lui avaient mérité. Sa conquête, dont il eut le bon esprit de faire hommage au tzar, lui valut, non-seulement sa grâce, mais encore la conservation de sa fortune.

On reproche à Ivan des traits d'une cruauté si horrible et si dégoûtante, qu'on serait tenté de les révoquer en doute, s'ils n'étaient attestés par des écrivains dignes de foi.

Il avait fait bâtir près de Moscou une espèce de château fort, nommé *Alexandrova Sloboda*. C'était de cette retraite, que protégeait une garde nombreuse recrutée dans les rangs les plus obscurs, qu'il lançait sur le peuple une foule d'agens provocateurs, d'espions, chargés de dénoncer et d'assassiner tous ceux qui, par leur puissance, pouvaient devenir dangereux, ou dont les richesses excitaient la convoitise de ses lâches courtisans.

Souvent il prenait part lui-même à ces sanglantes exécutions. Sur le soupçon que Novgorod la Grande intriguait pour se soustraire à sa domination et reconquérir une ancienne indépendance, il part d'Alexandrova Sloboda précédé d'un corps de Tatars, et accompagné de ses fidèles satellites nommés *opritchnikis*; il fait saisir et renfermer dans une arêne, construite exprès, les magistrats et les principaux habitans de la ville. C'est à lui et à son fils qu'il réserve la gloire de porter les premiers coups à ces hommes tremblans et désarmés, mais auparavant il veut entendre la messe. Au sortir de l'église il monte à cheval, pénètre avec son fils dans l'enceinte où il avait fait entasser ses victimes, et là se livre au plus horrible massacre. Il ne cessa d'y prendre une part active, que quand son bras fatigué ne put plus soutenir la lance. Cette sanglante exécution, loin d'apaiser sa colère, sembla au contraire l'irriter davantage. Le carnage s'étendit dans la ville et dans les campagnes voisines; il dura cinq semaines, et amena la ruine de ces contrées, et la destruction presque totale de ses habitans.

Les villes de Pleskof et de Twer, qu'on accusait d'entretenir des intelligences avec la Pologne, ressentirent aussi les effets terribles de la vengeance du tzar. Tant de meurtres n'avaient pas **assouvi** sa rage : son retour à Moscou fut signalé par des forfaits que les circonstances rendent plus horribles encore. « A son arrivée, il fait dresser « quatre-vingts fourches patibulaires « sur la place publique ; de nombreux « instrumens de supplice y sont ap- « portés, de grands feux sont allumés, « et l'eau bouillonne dans de vastes « chaudières d'airain. Bientôt trois « cents citoyens, tous illustres par « leur naissance, et même des princes « de la famille du tzar, tous tirés des « cachots, paraissent, portant l'em- « preinte des tortures qu'ils ont déjà « subies; traînés, poussés par des soldats « cruels, ils arrivent à demi morts sur le « lieu de ces exécutions. Les courtisans, « devenus bourreaux, tirent non pas « leurs glaives, mais leurs couteaux, et « déchirent pièce à pièce leur première « victime ; une autre périt ensuite d'une « manière également horrible, entre les « mains du colonel de la garde et du « général de la cavalerie. Des fem-

« mes, des enfans furent soumis à
« des supplices divers. On nettoya la
« place de leurs cadavres ; on rangea ,
« devant le prince, deux cents indivi-
« dus voués à la mort, et un pareil
« nombre de courtisans leur trancha
« la tête en poussant des cris d'applau-
« dissemens et de joie *. » Ivan, lui-
même, perça plusieurs victimes de sa
lance ; il s'acharnait sur des cadavres,
les mutilait de sa hache ou de son
épée , et les couvrait d'ignominie.

Ce prince se plaisait souvent à lâ-
cher, au milieu du peuple assemblé,
les bêtes féroces qu'il nourrissait dans
sa ménagerie ; les cris d'effroi, de désespoir, les gémissemens des mourans
étaient pleins de charmes pour lui. La
servilité et la lâcheté de ses courtisans
passent toute créance : l'un d'eux, con-

---

* Ce passage est tiré textuellement de
M. Rabbe. Il peint si bien les mœurs féroces
de cette époque qu'on nous pardonnera sans
doute facilement cet emprunt.

damné à perdre une oreille pour avoir déplu au tzar, subit son jugement sans proférer une plainte, et se prosterna aussitôt aux pieds de son maître, en le remerciant de cette marque de faveur. En vérité, quand on commande à de tels hommes, la tyrannie n'est pas un crime.

Ivan débarrassa les Russes d'un fils qui, élevé à son école, n'aurait probablement pas valu mieux que lui. Il le tua d'un coup de bâton ferré.

Il mourut en 1584, laissant le trône à un enfant en bas âge, nommé Fédor ou Théodore, auquel il donna pour tuteur Bogdan-Belski. Cet ambitieux, jaloux de prolonger son pouvoir, essaya de faire passer la couronne sur la tête de Dmitri, le plus jeune des fils d'Ivan IV ; mais ce projet ne réussit pas, et son auteur fut envoyé en Sibérie. Il fit place à Boris Godounof qui, plus adroit, réussit à s'emparer du sceptre d'Ivan IV. Il comprit que Fédor, aussi débile de corps que d'esprit, ne serait pas long-temps un obstacle à ses projets. Il voulut à l'avance se débarrasser d'un adversaire plus dangereux : il fit assassiner Dmitri. L'événement, qu'on peut le soupçonner d'avoir amené par le poison, justifia sa prévision : Fédor mourut bientôt après ; avec lui s'éteignit la race de Rourik.

Boris sut déguiser son ambition sous une feinte modération, et en montant sur le trône, il ne parut céder qu'au désir du peuple et des grands.

Son règne fut glorieux : il recula les limites de l'empire, entretint une heureuse intelligence entre les provinces, et encouragea le commerce et les beaux-arts.

Quelques historiens ont pensé que c'était lui qui avait établi, en Russie, le servage de la glèbe pour arrêter les émigrations des cultivateurs, et prévenir par là les famines qui désolaient si souvent l'empire.

La fin de son règne fut troublée par

les entreprises d'un intrigant, nommé Otrépief, qui, à l'aide d'une grande ressemblance, prétendit faire revivre le prince Dmitri, assassiné à Ouglitch, par les ordres de Boris, quelques années auparavant. Sa fable bien conçue, débitée avec adresse, disposa en sa faveur les Polonais chez lesquels il s'était retiré; ses feintes infortunes, racontées avec une touchante éloquence, excitèrent un intérêt général. On lui rendit les honneurs dus au rang qu'il avait pris. La Pologne arma en sa faveur et le mit en état d'entrer en campagne. Deux batailles qu'il perdit ne purent ruiner sa fortune; et bientôt, à la tête de troupes nombreuses que grossissait incessamment une foule de mécontens, il se dirigea vers la capitale.

La mort de Boris, arrivée sur ces entrefaites, leva tous les obstacles qui auraient pu entraver sa marche. En vain le clergé et quelques boïards proclamèrent le fils de Boris; le peuple se souleva, et lui ouvrit les portes de Moscou. Le jeune tzar, sa mère et tous les siens furent égorgés impitoyablement (1603).

Le règne d'Otrépief ne fut pas long : la reconnaissance de ce prince pour les Polonais, qui l'avaient placé sur le trône des tzars, fut la cause de sa perte. Les Russes, déjà indisposés par l'arrogance de quatre mille étrangers qu'Otrépief avait conservés près de lui, et qu'il comblait de faveurs, furent révoltés par son mariage avec la fille du palatin de Sandomir. Tout à coup, au milieu des fêtes qui eurent lieu à l'occasion de cette union, le bruit se répand que les Polonais méditent la ruine de Moscou ; chacun court aux armes ou se réunit tumultueusement ; c'était la nuit : les Polonais, surpris sans défense, sont égorgés, le palais est envahi ; Chouiski, prince russe, qui dirigeait ce mouvement, pénètre, un poignard à la main, dans les appartemens du tzar ; Otrépief, poursuivi, s'élance par une croisée; mais une blessure dangereuse, qu'il se fit en tombant, arrêta sa fuite, et donna aux conjurés le temps d'arriver. Il fut immolé sur le lieu même, et son cadavre, percé de coups, fut traîné sur la place publique où il demeura trois jours exposé aux insultes de la populace.

Chouiski, profitant avec habileté des événemens, plaça la couronne sur sa tête, mais il ne fut guère plus heureux qu'Otrépief. Il parut bientôt sur la scène un nouvel imposteur, qui prit de nouveau le nom et la qualité de Dmitri; vaincu et mis à mort, il fut remplacé aussitôt par un autre qui se disait fils du tzar Fédor, et à celui-ci succéda un troisième qui, sous le nom du même Dmitri, parvint encore à remuer les esprits et à réunir de nombreux partisans.

Chouiski, abandonné du peuple et de la noblesse, fut rasé et enfermé dans un couvent, en 1611.

Cet événement, qui aurait dû augmenter les espérances du faux Dmitri, accéléra sa perte. La Pologne, protectrice de tous les intrigans qui pouvaient troubler la Russie, se servait de celui-ci comme d'un épouvantail pour obtenir quelques villes à sa bienséance sur les frontières de l'empire : satisfaite sur ce point, elle fit retirer ses troupes, et l'imposteur n'eut plus d'autre ressource que de se jeter dans les bras des Tatars, qui ne tardèrent pas à se défaire de lui.

Sans souverain, sans armée, désolée par la famine et la guerre civile, la Russie parut un moment sur le penchant de sa ruine; ses ennemis agitèrent la question d'un démembrement. La Pologne, la Suède, les Tatars, plus menaçans et plus avides à mesure qu'elle s'affaiblissait davantage, fomentaient, de tout leur pouvoir, des troubles si favorables à leurs projets d'agrandissement.

Cependant Pojarski, à la tête d'une

poignée de soldats, osa présenter la bataille à l'ennemi, le défit dans plusieurs rencontres, et fut assez heureux pour débarrasser la Russie des étrangers qui, depuis vingt ans, occupaient et dévastaient son territoire.

Ce brave homme comprit que sa patrie ne pourrait être heureuse qu'avec un prince étranger aux factions qui avaient si long-temps partagé les esprits, et loin de faire aucun effort pour s'emparer d'une couronne qui avait été fatale à tant d'ambitieux, il chercha à faire tomber le choix des états réunis à Moscou pour l'élection d'un souverain, sur Michel Romanow, fils d'un boïard célèbre par ses vertus, et détermina l'assemblée à envoyer des députés à ce jeune prince, encore renfermé dans un monastère, où il était élevé sous les yeux de sa mère, pour l'inviter à venir s'asseoir sur le trône des tzars.

Ce choix d'un enfant (Michel Romanow avait à peine seize ans) pour

gouverner l'état dans les circonstances difficiles où l'on se trouvait, sauva
la monarchie russe par les causes mêmes qui semblaient devoir déterminer
sa perte. Tous les partis s'éteignirent
et les divers ordres de l'état se ralliè-
rent franchement autour du souverain
qu'ils avaient élu ; sa jeunesse, dans
laquelle le peuple voyait une garantie
contre l'oppression, donnait aux
grands l'espoir de s'emparer facilement de sa confiance et de régner sous
son nom.

Cependant les ennemis que Pojarski
avait repoussés, ne tardèrent pas à re-
paraître. Gustave-Adolphe, roi de
Suède, qui prétendait donner pour
roi à la Russie Charles-Philippe, son
frère, rentra en campagne aussitôt
qu'il connut l'élection de Romanow.
Il fallut traiter avec un ennemi qu'on
ne pouvait combattre. La Carélie,
l'Ingric, la Livonie, et plusieurs places fortes, furent cédées (1616) à la
Suède, qui reçut en outre 200,000

roubles pour les frais de la guerre. La Pologne imposa aussi ses conditions, qui enlevèrent à la Russie Smolensk, Sévérie et Tchernigof.

Romanow essaya, à la mort de Sigismond, de reprendre les villes que la nécessité lui avait fait abandonner à la Pologne, mais il échoua complétement; son armée fut écrasée sous les murs de Smolensk, et il fut obligé de signer un nouveau traité qui consacrait les concessions antérieures.

Alexis, son fils, qui lui succéda, fut plus heureux; après une lutte longue et pénible, il reprit ces villes sur la Pologne.

Les démêlés de ce prince avec la Suède n'eurent pas les mêmes résultats; et tous ses efforts, pour faire rentrer la Russie dans ses anciennes limites de ce côté, furent infructueux.

Sous ce règne, l'empire fut troublé à l'intérieur par plusieurs révoltes qu'occasionaient les exactions et la tyrannie de Morozoff, premier ministre.

Alexis réussit pourtant à le soustraire à la fureur du peuple, qui demandait sa tête, après avoir immolé tous ses parens et détruit tout ce qui lui appartenait. Dans ces réunions tumultueuses il fut plus d'une fois question de donner l'empire au roi de Pologne. Alexis n'eut recours à aucune de ces mesures de rigueur si communes sous ses prédécesseurs ; aussi son gouvernement sage finit-il par lui concilier tous les esprits. Sur la fin de son règne, la tranquillité publique lui permit d'introduire, dans la législation, des réformes utiles : il réunit les lois de l'état dans un recueil connu sous le nom d'*Uloschenies*.

Fédor, son fils, qui vint après lui, détruisit un abus qui entravait souvent la marche du gouvernement : la noblesse en Russie était de deux sortes, toutes deux héréditaires et basées sur des titres ; l'une qui se tirait de l'ancienneté de la race, l'autre de l'éminence des emplois : c'était à cette der-

nière qu'étaient attachées les princi-
pales prérogatives; ainsi, dans une
cérémonie, le noble qui pouvait suivre
ses ancêtres jusque chez le tzar, était
obligé de céder le pas à un noble du
jour, si celui-ci prouvait que son père
ou son aïeul avait occupé des emplois
plus éminens qu'aucun des ancêtres de
son compétiteur. Pour qui connaît
l'orgueil et la vanité puérile de la gent
noble *de cette époque*, il est facile de
comprendre tout ce qu'un pareil état
de choses avait d'insupportable. Fédor
résolut d'abolir la noblesse des emplois,
et il y réussit complétement à l'aide
d'un stratagême qui dénote une sagacité
et une adresse peu communes. Sous
prétexte de donner à ces titres, par sa
sanction, une authenticité légale, il
invita tous ceux qui prétendaient à
cette noblesse, à produire leurs par-
chemins qu'il fit réunir dans une salle
de son palais; ensuite, sur une déli-
bération d'un conseil convoqué à cet
effet, ils furent livrés aux flammes en

présence de leurs possesseurs, qui applaudissaient en frémissant à cette exécution.

Ce coup d'état fut l'acte le plus remarquable de son gouvernement; il mourut quelque temps après sans postérité.

Alexis et Pierre, ses frères, n'etaient guère propres à faire valoir les droits que sa mort leur avait donnés. Celui-ci par sa jeunesse, et celui-là à cause d'une grande faiblesse d'esprit qui ne lui permettait pas d'avoir une volonté. La mère de Pierre, seconde femme d'Alexis, parvint d'abord par ses intrigues à faire tomber sur son fils le choix de la noblesse et du clergé; et elle prit, en qualité de tutrice, les rênes du gouvernement; mais elle fut bientôt obligée de les remettre à Sophie, sœur d'Ivan, qui profita d'une révolte des strélitz qu'elle même avait excitée, pour faire asseoir son frère sur le trône à côté de Pierre, et s'emparer de la direction des affaires. Renversée à son tour par Pierre dont l'esprit altier ne s'accommodait pas de cette tutelle, elle alla expier dans un couvent la faute impardonnable de n'avoir pas su, à propos, affermir son pouvoir par un crime.

Pierre Ier, surnommé le Grand, monta sur le trône en 1689; son règne brilla d'un éclat extraordinaire et plaça la Russie au nombre des états les plus influens de l'Europe. L'imagination vive et ardente de ce prince fut merveilleusement servie par une prodigieuse activité d'esprit et une constitution robuste.

Le goût des innovations, qu'il porta à l'excès, lui fut inculqué de bonne heure par une foule d'aventuriers de tous les pays. Il comprit par leurs récits que sa nation n'était pas à la hauteur du siècle, et conçut dès-lors les projets de réforme avec lesquels il devait plus tard bouleverser la Russie.

Son premier soin fut d'introduire

dans son armée la discipline et les manœuvres allemandes. Il adopta aussi
pour l'avancement les réglemens en usage dans l'Allemagne, et, afin de vaincre plus sûrement la résistance qu'il
aurait infailliblement rencontrée dans
la noblesse russe, dont il détruisait
par là une des plus anciennes prérogatives, il voulut lui-même commencer
sa carrière militaire par le dernier rang
et se fit tambour dans une compagnie.

Il s'occupa ensuite des moyens d'a-
voir une marine. On déterra un vieux
constructeur nommé Cartem Brandt,
que le tzar Alexis avait fait venir de
Hollande. Une chaloupe, deux fréga-
tes et plusieurs yachts furent cons-
truits, et, pour la première fois, le
pavillon russe parut sur les eaux de la
mer Blanche. Satisfait de ses essais,
Pierre donna de l'extension à ses plans,
et organisa une flotte nombreuse qui
lui fut très-utile dans la guerre qu'il
faisait à la Turquie. Elle lui permit
d'entreprendre avec succès le siége

d'Azof, et ce fut à sa flotte, commandée par lui-même, qu'il dut la reddition de cette place. A la suite de cette expédition, il revint à Moscou; son entrée fut triomphale, et on frappa, à cette occasion, la première médaille qui ait paru en Russie. La légende portait : *Pierre Ier, empereur, toujours auguste*.

Pierre profita de la paix dont jouissait la Russie, tant à l'extérieur qu'à l'intérieur, pour exécuter un projet jugé diversement par les historiens, mais qui, pourtant, de quelque manière qu'on l'envisage, dénote des vues profondes, et prouve que ce prince voulait sincèrement le bonheur de ses états.

Il envoya d'abord, dans les pays étrangers, plusieurs jeunes gens qu'il choisit lui-même pour aller étudier la marine et la discipline militaire des peuples de l'Europe; puis il partit bientôt dans le même but, accompagné de son ami Lefort, après avoir établi, pour gouverner pendant son absence, une régence composée d'hommes expérimentés, et sur la fidélité desquels il pouvait compter.

Il visita d'abord la Livonie et quelques autres contrées qu'il parcourut rapidement; mais il séjourna plus long-temps en Hollande. Ce fut là que, dépouillant le caractère et la qualité de tzar, il prit les habits, le nom et les outils d'un simple ouvrier, et apprit toutes les règles de la construction, sous les ordres d'un charpentier de Sardam. Voltaire prétend même qu'il construisit un navire de ses mains. Il quitta Amsterdam, après avoir vu embarquer pour la Russie, un grand nombre d'ouvriers qu'il détermina à ce voyage, par l'appât des plus grandes récompenses. Il passa en Angleterre, et là, comme en Hollande, il travailla à acquérir des connaissances nouvelles. Tour à tour horloger, astronome, menuisier, il étudia l'art du fondeur, et suivit pendant quelque temps les cours de la faculté d'Oxford. Il retourna ensuite en Hollande, comblé des présens du roi Guillaume, qui recherchait son alliance, traversa ce pays et arriva à la cour de Vienne.

Là il reçut des nouvelles de la Russie qui hâtèrent son retour dans ses états.

Les strélitz, excités de nouveau à ce qu'on prétend par la princesse Sophie, qui du fond de son couvent intriguait pour ressaisir le pouvoir, s'étaient révoltés. La rebellion, comprimée un moment par les efforts des régens, était dans tous les cœurs, et menaçait de soulever bientôt l'empire entier. La présence du tzar fit rentrer tout dans l'ordre. Des châtimens exemplaires, poussés jusqu'à la barbarie, satisfirent sa vengeance en assurant son repos.

Les strélitz furent exterminés, et entraînèrent dans leur ruine une foule d'habitans, accusés d'avoir favorisé les projets de cette milice. La part que

Pierre et ses courtisans prirent à cet affreux carnage, prouve que ses voyages n'avaient adouci en rien son caractère violent et sanguinaire.

Pierre, ayant raffermi sa puissance un instant ébranlée, s'occupa sans relâche des moyens d'exécuter les vastes plans qu'il avait conçus et médités à loisir pendant ses voyages.

L'extension qu'il voulait donner à la marine et au commerce de la Russie, demandait un port sur la Baltique. Ses premiers efforts furent dirigés de ce côté. Il rompit avec la Suède, et commença aussitôt la campagne par le siége de Narva. Cette tentative eut les résultats les plus désastreux : Charles XII, à la tête de dix-huit mille hommes, accourut au secours de cette place, battit les Russes, et força trente-deux mille soldats à déposer leurs armes.

Le tzar ne se laissa pas décourager par ce honteux échec : il livra aux fondeurs les cloches de Moscou, qui servirent à renouveler son artillerie, et mit sur pied une armée plus nombreuse, à la tête de laquelle le prince Chemeretef alla chercher les ennemis aux environs de Dorpat. Un succès, long-temps disputé, rendit de la confiance aux troupes ; le général en profita pour les conduire devant Notebourg, qui capitula après une résistance opiniâtre. La prise de cette place, importante par sa position sur la Néva, suivie bientôt après de la reddition de la forteresse qui commandait l'embouchure de ce même fleuve, donna, à la Russie, un port sur la Baltique, et assura ainsi l'exécution d'une partie des projets de Pierre le Grand.

Ce prince ne négligea rien pour mettre ses conquêtes à l'abri des entreprises de Charles XII : Notebourg fut réparée, et reçut une forte garnison ; il jeta les fondemens de Saint-Pétersbourg (1703) et construisit d'abord, à l'embouchure de la Néva, un fort destiné à protéger, du côté de la mer, la ville qu'il voulait fonder.

Quand Charles XII, jusqu'alors occupé en Pologne, songea enfin sérieusement à s'opposer aux progrès des Russes, il n'était plus temps : les établissemens du tzar avaient pris de la consistance; il était maître de toute l'Ingrie et d'une partie de la Carélie; il avait fait restaurer les places fortes; et ses troupes dans des engagemens journaliers avec les Suédois, avaient appris à les combattre et à les vaincre.

Auguste, roi de Pologne, odieux à ses sujets et poursuivi avec acharnement par Charles XII, avait enfin renoncé à la couronne. Libre de tous soins de ce côté, Charles réunit ses forces et marcha contre le tzar, sans vouloir entendre à aucun accommodement; c'était à Moscou seulement qu'il devait traiter avec ses ennemis. Il s'avance à travers la Lithuanie, disperse l'armée russe qu'il rencontre dans les environs de Grodno, et s'enfonce dans les déserts de l'Ukraine. Mazeppa lui avait promis de faire révolter cette province en sa faveur; il espérait la ranger facilement sous sa domination, donner quelques repos à ses troupes et se diriger ensuite vers la capitale de la Russie. Mais, au lieu des secours en hommes et en vivres qu'il attendait, il ne trouva que des ruines : un renfort de seize mille hommes, que Leven-haupt lui amenait, fut attaqué par l'armée russe, qui suivait Charles depuis Smolensk; les Suédois, harassés de fatigue, se défendirent avec le courage du désespoir, et parvinrent à s'ouvrir un passage. Charles se vit encore à la tête d'environ trente mille hommes, avec lesquels il pouvait espérer des succès; mais il fallait se reporter en Pologne, il fallait renoncer à des projets de conquêtes que la saison avancée rendait impraticables. Charles, au contraire, s'engagea plus avant, et se dirigea vers Pultava, dont il entreprit le siége. Les Russes ne tardèrent pas à venir l'y chercher : le tzar concentra sur ce point toutes les forces dont il put disposer, et se prépara au combat par des manœuvres savantes qui lui assuraient une retraite en cas de désastres.

Charles XII, quoique blessé, ne voulut pas attendre l'ennemi dans ses retranchemens; il fit ranger ses troupes en bataille, et donna le signal de l'attaque; l'issue du combat ne fut pas long-temps incertaine : deux heures après le premier choc, le roi de Suède était en fuite avec quatorze mille hommes, laissant, au pouvoir du tzar, ses bagages, son artillerie et près de vingt mille prisonniers.

Cette célèbre journée ruina sans ressource les affaires de Charles, et assura à Pierre le Grand une supériorité décidée sur son adversaire.

Charles alla se réfugier en Turquie. Pendant qu'il intriguait pour déterminer le sultan à rompre avec le tzar, celui-ci, profitant de sa victoire, replaçait Auguste sur le trône de Pologue, achevait la conquête de la Carélie et de la Livonie par la prise des villes qui, jusque-là, avaient résisté à ses efforts, et revenait à Moscou célébrer son mariage avec une jeune aventurière qui, élevée par charité, puis mariée à un simple soldat suédois, parvint, par ses charmes et son esprit, à gagner le cœur de Pierre le Grand, partagea sa gloire et succéda à sa couronne sous le nom de Catherine Ire.

Cependant, sur les ardentes sollicitations du roi de Suède, Achmet III déclara la guerre à la Russie, et une armée de cent mille hommes, commandée par le visir Baltagi-Méhémet, s'avançait sur le Danube.

Pierre l'avait prévu : Chéremetef, qui occupait la Moldavie, reçut ordre de se porter sur le Pruth pour observer l'ennemi ; son corps d'armée devait se renforcer des secours que le roi de Pologne et les hospodars de la Valachie et de la Moldavie avaient promis de fournir, et le tzar lui-même

partit bientôt accompagné de sa nouvelle épouse, et vint prendre le commandement des troupes. Mais, retar-
dés dans leur marche par les difficultés
du terrain et la rareté des vivres, les
Russes arrivèrent trop tard pour
s'opposer au passage du fleuve. Ils trouvèrent les Ottomans établis en deçà
du Pruth ; Pierre dans une position
désavantageuse, ayant en tête une armée quatre fois plus nombreuse que la
sienne, n'osa hasarder la bataille, et fit
faire à ses troupes des mouvemens ré-
trogrades : poursuivi, attaqué dans sa
retraite, il perdit beaucoup de monde,
et se laissa acculer contre le fleuve,
ayant à droite et à gauche des marais impraticables. La fuite et le combat étant
devenus impossibles, il fallut songer à
se rendre. Catherine qui, à cheval à
côté du tzar, avait partagé ses fatigues,
lui obtint du vainqueur des conditions
moins humiliantes que celles qu'il pouvait espérer. Le sultan n'exigea de lui
que l'abandon de ses conquêtes sur la

mer Noire, il lui permit à ce prix de reprendre la route de Moscou avec les débris de son armée.

Sans espérances du côté du midi, Pierre se rejeta sur le nord ; une campagne glorieuse dans la Finlande, et une victoire signalée que sa flotte remporta sur celle de Charles XII, lavèrent la honte dont ses armes avaient été couvertes sur les bords du Pruth, et lui rendirent sa supériorité première.

Le tzar entreprit, vers cette époque, une dernière excursion hors de ses états ; il désirait faire entrer la Hollande et la France dans ses vues contre l'Angleterre ; mais les intrigues de la cour de Vienne, qui commençait à voir avec inquiétude l'accroissement prodigieux de la puissance de Pierre, et les intérêts bien entendus de la France, firent avorter son projet ; il ne recueillit d'autres fruits de son voyage que les honneurs extraordinaires qu'on lui rendit pendant son séjour en Hollande et en France.

Des chagrins domestiques l'attendaient à son retour dans ses états.
Alexis, son fils, avait profité de s
absence pour quitter la Russie ; il s'é-
tait retiré à la cour du roi de Na-
ples ; ce jeune prince, circonvenu d
bonne heure par la noblesse et le clergé, s'était constamment montré l'ennemi des réformes introduites par
son père dans les mœurs et les habitudes des Russes. Les grands et le
prêtres, dont ces réformes attaquaient
les droits, avaient soufflé à Alexis une
résistance qui n'était pas dans son caractère, et qui lui mérita la disgrâce
et bientôt la haine de Pierre Ier. Ce
despote souffrait plus impatiemment
chez son fils que chez tout autre ce
attachement à des coutumes qu'il prétendait abolir ; il craignait, qu'à sa
mort, les institutions qu'il avait eu
tant de peine à implanter en Russie,
ne fussent détruites par son successeur,
et cette crainte qui, il faut l'avouer,
n'était pas sans quelque fondement,

avait motivé la mesure extraordinaire qu'il avait prise. Alexis, déclaré incapable de régner, avait été obligé de signer un écrit par lequel il renonçait au trône dont il se reconnaissait indigne. Dans ces circonstances, sa fuite était, aux yeux du tzar, une protestation contre la déclaration qui lui avait été extorquée. Dès-lors sa perte fut résolue. Pierre employa tous les moyens pour le ravoir en sa puissance. Il lui écrivit, à cet effet, une lettre pleine de bienveillance, et lui envoya des agens adroits qui surent le persuader : il revint; alors, au mépris des promesses les plus sacrées, sa conduite antérieure fut soumise à une minutieuse investigation. Pendant la longue procédure qui précéda son jugement, Alexis montra une faiblesse et une lâcheté qui tuent l'intérêt qu'on voudrait prendre à son sort. Il fit tous les aveux qu'on lui demandait, il se reconnut coupable de tous les crimes dont on le chargeait, se bornant à supplier son père, dans les termes les plus humbles, de lui accorder une grâce qu'il convenait ne pas mériter. Son avilissement et ses basses supplications furent inutiles; il était condamné d'avance. On ne sait rien de bien positif sur le genre de mort qu'il subit; soit, selon l'opinion du plus grand nombre, que le saisissement qu'il éprouva, en entendant la lecture de son arrêt, l'ait tué; soit, comme le prétendent quelques historiens, qu'il ait été exécuté secrètement par les ordres du tzar.

Le dénouement de ce drame rendit Pierre aux affaires : dans la réponse que lui avait faite le duc d'Orléans, régent de France, il avait parfaitement démêlé la politique astucieuse de ses alliés, et compris que bien loin de pouvoir compter sur aucune coopération de leur part, il devait craindre au contraire qu'ils ne cherchassent à entraver ses projets d'agrandissement. Des ouvertures de paix qui lui furent faites alors au nom du roi de

Suède, le trouvèrent assez bien disposé ; il paraît même qu'il donna les mains à un projet audacieux formé par le baron de Gœrtz, premier ministre de Charles XII, qui espérait refaire la fortune de son maître aux dépens de la Grande-Bretagne et de la Prusse. Les plans de cet habile diplomate tendaient au bouleversement de l'Europe.

Charles XII aidé de Pierre le Grand devait faire une descente en Angleterre, à la tête de douze mille hommes, renverser le roi Georges Ier, et placer sur le trône le prétendant fils de Jacques II. Le nouveau monarque abandonnait ses droits à l'électorat de Hanovre, on enlevait Stettin au roi de Prusse, et cependant par le traité d'alliance Charles signait au profit du tzar la cession définitive de la Livonie, de l'Esthland, de l'Ingrie et de la Carélie.

« Une balle de couleuvrine, lancée
« au hasard des bastions de Frédéri-

« chsall, en Norwège, confondit tous
« ces projets : Charles XII fut tué, la
« flotte d'Espagne fut battue par les
« Anglais, la conjuration découverte
« et dissipée; Albéroni chassé d'Espa-
« gne, Gœrtz décapité à Stockholm ;
« et de toute cette ligue terrible, à
« peine commencée, il ne resta de
« puissant que le tzar [*]. »

Pierre recommença la guerre contre la Suède, il la fit avec succès, et obligea le successeur de Charles XII à signer un traité qui contenait à son profit la cession définitive du pays conquis. Avide de gloire et désireux d'étendre sa domination au loin, il tourna ses vues vers la Perse, qui présentait une proie facile, désolée comme elle l'était alors par des divisions intestines. Le pillage d'un comptoir russe servit de prétexte à l'attaque. Après plusieurs défaites, le chah de Perse, incapable de défendre son em-

___
[*] Voltaire.

pire, acheta l'amitié du tzar par le sacrifice de deux villes sur la mer Caspienne et de plusieurs provinces qui furent réunies à la Russie.

Cette glorieuse expédition fut la dernière ; Pierre mourut à quelque temps de là, après avoir fait décapiter Mœns de la Croix, qui entretenait une intrigue amoureuse avec Catherine ; il ne fut pas condamné pour ce crime, parce que Pierre ne voulait pas sévir contre la reine ; la seule vengeance qu'il exerça contre elle, fut de la conduire devant le pal sur lequel était plantée la tête de son amant : Catherine ne s'attendait pas à ce spectacle, et, cependant, aucune plainte, aucune larme, aucune émotion ne vinrent révéler l'impression terrible qu'elle dut éprouver.

Quelques historiens ont prétendu que redoutant les effets du ressentiment de son époux, elle l'avait empoisonné ; d'autres ont affirmé que Pierre mourut des suites de ses débauches. Cette dernière version , assez vraisemblable , se trouve encore confirmée par les recherches outrageantes auxquelles furent soumises par ses ordres plusieurs femmes de la cour. Quoi qu'il en soit, il est certain que la mort , précédée de douleurs horribles , le trouva sans énergie et livré aux terreurs les plus puériles et à des regrets déraisonnables chez tous les hommes, mais qui deviennent ridicules quand ils partent d'un prince recommandable par la fermeté et la vigueur extraordinaire de son esprit.

Les écrivains ne sont guère plus d'accord sur le rang que ce prince doit occuper dans l'histoire ; il a des admirateurs zélés qui le placent parmi les plus grands hommes dont s'honore l'espèce humaine, et des détracteurs outrés qui le comptent au nombre des monarques nés pour le malheur du pays qu'ils gouvernent. L'examen de cette question ne rentre pas dans le cadre qui nous est tracé. Nous nous hornons à exposer les faits, le lecteur judicieux saura bien les apprécier.

Pierre établit la force armée sur un pied respectable et donna à la Russie des soldats capables de lutter avec les Suédois, qui passaient alors pour les plus braves guerriers de l'Europe; la Russie n'avait pas de marine, il demanda des ouvriers aux états voisins, et bientôt on vit surgir, comme par enchantement, une flotte nombreuse, qui porta le pavillon russe sur toutes les mers. Sa gloire militaire est incontestable. Il battit dans plusieurs rencontres le meilleur capitaine de l'époque, et recula au loin les limites de l'empire. Il encouragea le commerce et protégea les beaux-arts ; le calendrier grégorien fut mis en vigueur. La presse fut délivrée de ses entraves. Il fonda des maisons d'éducation où l'on enseignait les langues mortes et vivantes. Il chercha à polir les mœurs en rendant les femmes à la société. La plupart de ses réformes portèrent sur la noblesse et le clergé, dont il réduisit considérablement les prérogatives et les priviléges. Les monastères furent supprimés ; et en même temps le célibat, les vœux et les autres institutions de l'Église catholique cessèrent d'être obligatoires. Les prêtres grecs reconnaissaient la suprématie d'un patriarche : ce souverain spirituel, qui souvent empiétait sur le temporel, fit place à un synode composé d'évêques et soumis à l'autorité du chef de l'état. Sous son règne, les jésuites, qui avaient reçu l'autorisation de s'établir en Russie, en furent honteusement chassés, et il ne resta de leur séjour, qu'une haine vigoureuse contre le papisme. Il fit aussi quelques réglemens sur les costumes du peuple, qui lui sont reprochés avec amertume à cause de la sévérité qu'il déploya pour les faire exécuter ; le knout et quelquefois la mort était la punition du Russe qui ne voulait pas sacrifier sa barbe ou renoncer au vêtement national.

Pierre le Grand, en posant sur le front de Catherine la couronne impériale, avait par là manifesté la volonté qu'elle lui succédât; mais l'inconduite de cette princesse, révélée à son époux, n'avait-elle pas altéré son attachement pour elle, et changé ses intentions ? Il est bien permis de le croire. Cependant, aucun acte extérieur n'annonça ce changement, soit que, surpris par la mort, Pierre n'ait pas eu le temps de faire connaître ses dernières intentions, soit que ceux qui en reçurent l'expression, n'aient pas jugé à propos de les rendre publiques.

Catherine monta sur le trône sans opposition; Menzikoff, ministre favori de Pierre le Grand, prit la direction des affaires, offrant ainsi un exemple frappant des jeux bizarres de la fortune, qui, en plaçant sur le trône des tzars une paysanne élevée par charité, lui donnait pour conseiller intime, un ancien garçon pâtissier.

Catherine régna deux années et mourut, laissant un testament par lequel elle appelait à lui succéder, Pierre, fils d'Alexis; si ce dernier mourait sans enfans, la couronne devait passer à Anne Pétrowna, femme du duc d'Holstein, et après elle à Élisabeth.

Menzikoff, qui avait dicté ce testament dans l'espérance de marier sa fille à Pierre II, et de régner sous son nom, vit échouer tous ses projets. Plusieurs familles puissantes, dont il gênait l'ambition, se liguèrent contre lui et le renversèrent. Il fut envoyé en Sibérie au moment où il rêvait le pouvoir souverain.

Pierre II ne fit que paraître, une maladie l'emporta à l'âge de quatorze ans. La noblesse du royaume voulut profiter de cet événement pour obtenir de la princesse Anne, des garanties contre le despotisme des souverains. Anne promit, jura, signa toutes les concessions qu'on lui demanda; mais une fois le sceptre en main, elle protesta **contre** cette usurpation de pouvoir : la convention fut anéantie.

Anne essaya de soutenir la gloire militaire de l'empire. La guerre qu'elle entreprit contre les Tatars et les Turcs tourna mal, elle fut obligée d'acheter la paix par le sacrifice des provinces que Pierre avait conquises à grands frais.

Elle se laissa gouverner par Biren, son amant, que sa faveur alla chercher dans les écuries du duc de Courlandes, dont il était piqueur, pour l'élever aux plus hautes dignités de l'état.

Elle mourut, après avoir dicté, sous l'influence de Biren, un testament par lequel elle donnait la couronne à Ivan, fils encore en bas âge de sa nièce, la duchesse de Brunswick Lunebourg. Biren fut nommé régent, mais l'orgueil et la tyrannie de ce parvenu lui suscitèrent bientôt des ennemis qui le terrassèrent. Il fut exilé en Sibérie.

La duchesse de Brunswick ne lui succéda un instant, que pour faire place à une rivale plus heureuse, Élisabeth, fille de Catherine Ire.

L'or et les intrigues de l'ambassadeur français, l'audace d'un chirurgien de cette nation, nommé Lestocq, et surtout l'attachement que lui avaient voué les gardes Préobajensky, dans les rangs desquels cette princesse avait choisi son premier amant, amenèrent la révolution qui la plaça sur le trône.

La duchesse de Brunswick fut enfermée avec Ivan, son fils, dans le château de Schusselbourg, et ses principaux adhérens envoyés en exil.

Élisabeth récompensa largement les auteurs de sa fortune. Elle exalta l'enthousiasme des gardes Préobajensky, en ennoblissant en masse tous les grenadiers de ce régiment.

Une conspiration, ourdie par le ministre autrichien, qui voyait avec peine l'influence que la France allait prendre sur l'esprit de l'impératrice, fut découverte, et servit à consolider sa puissance encore mal affermie. Les conjurés furent sévèrement punis. Madame Lapoukin, accusée d'avoir trempé dans ce complot, expia sous le knout le crime bien autrement irrémissible, aux yeux d'Élisabeth, d'être une des plus belles femmes de la cour.

Sous cette princesse, faible et adonnée à toutes sortes de débauches, les rênes de l'état flottèrent incertaines entre les mains d'une foule d'intrigans, qui se succédaient rapidement dans les bonnes grâces de leur souveraine, et qui, souvent, n'avaient d'autres titres aux fonctions et aux honneurs que le mérite impuissant d'une constitution robuste.

Cependant la guerre contre la Suède, commencée pendant le règne d'Anne, se continuait avec vigueur : Lascy soutenait à Fridriks-Hamm la gloire acquise par les Russes à Pultava. Dans cette journée mémorable, dix-sept mille Suédois, retranchés, capitulèrent devant des troupes inégales en nombre, et livrèrent, sans combat, leurs armes et leurs chevaux. Le traité qui suivit, fut encore plus déshonorant pour la Suède, qui céda la plus grande partie de la Finlande à Élisabeth, et se laissa imposer un prince de la maison d'Holstein.

Élisabeth conclut un traité d'alliance avec Marie-Thérèse, reine de Hongrie, et envoya à son secours une armée de trente-sept mille hommes. C'était la première fois que les Russes se mêlaient à main-armée dans les querelles des autres souverains de l'Europe.

Frédéric II, roi de Prusse, eut aussi des démêlés avec la Russie : son royaume fut envahi, ses troupes furent défaites en 1760 à Kunefdorff; Berlin, Colberg tombèrent au pouvoir des Russes, et la fortune de ce grand homme, qui porta si haut la gloire du nom prussien, paraissait ruinée sans ressources, lorsque la mort vint frapper Élisabeth (1762).

Cette princesse, avec les mœurs les plus dissolues, était excessivement dévote, et imposait à tous ses sujets, surtout à ceux qui l'approchaient, des pratiques de religion minutieuses et puériles. Les peines les plus sévères attendaient les infracteurs. Cependant, à travers ces désordres, il lui était échappé, dans les commencemens de son règne, quelques lois sages et philantropiques : elle défendit de maltraiter les étrangers, elle abolit la peine de mort, et il est à remarquer qu'en effet, sous son règne, la peine capitale ne fut prononcée contre aucun coupable. Mais cette institution, toute personnelle à Élisabeth, ne lui survécut pas : elle n'était pas dans les mœurs du peuple, elle ne se glissa dans la législation d'aucune autre nation ; elle partait de contrées encore à demi-sauvages, elle passa inaperçue.

Souscrivant à un usage adopté par ses prédécesseurs, Élisabeth avait désigné son successeur long-temps avant sa mort : c'était Pierre, petit-fils de Pierre le Grand, par Anne, sa fille, duchesse de Holstein Gottorp. Elle l'avait marié à Sophie-Auguste d'Anhalt-Jerbst, si célèbre, depuis, sous le nom de Catherine Alexiewna.

Pierre, avant son avénement, avait déjà eu, avec sa jeune épouse, au sujet de ses intrigues amoureuses avec un chambellan et un officier polonais, nommé Poniatowski, plusieurs démêlés qui, par leur publicité, obligèrent cette princesse à des démarches humiliantes. Aussi impérieuse que débauchée, elle conçut, dès ce moment, contre son mari, une haine vigoureuse, qu'elle sut dissimuler avec habileté, attendant le moment favorable à sa vengeance avec une patience que ne comportaient ni son âge, ni son tempérament ardent, ni son caractère altier.

Pierre, enthousiaste de Frédéric, qu'il avait pris pour modèle, ne se vit pas plutôt sur le trône, qu'il fit évacuer la Prusse, et offrit à son monarque une paix qui rétablissait les choses sur l'ancien pied. Ce traité impolitique, et la prédilection qu'il montrait dans toutes circonstances pour les hommes et les mœurs militaires de cette nation, firent une impression fâcheuse sur l'esprit du peuple et du soldat.

Plusieurs mesures sages et quelques réformes heureuses avaient cependant signalé les commencemens de son administration. Il avait rappelé plusieurs exilés, et supprima la police secrète qui, sous le nom de chancellerie, remplissait incessamment les prisons de victimes, dont souvent le seul crime était de déplaire. Il réunit au domaine de la couronne les terres immenses que le clergé possédait en Russie, et affranchit de la glèbe les serfs qui y étaient attachés. Cette spoliation juste, mais intempestive, ne mit point d'argent dans les coffres de l'état, et n'aboutit qu'à irriter les prêtres et les dévots.

Cependant Catherine, bravant la colère d'un époux outragé, qu'elle dédaignait même de tromper, ourdissait de noirs complots, quand on la supposait occupée exclusivement de ses scandaleuses amours; elle avait dans le monde des partisans adroits qui, s'emparant des moindres fautes du prince, envenimaient ses actions, et répandaient les bruits les plus alarmans sur ses projets et sur les suites de son administration; de son côté, cette femme artificieuse ne négligeait rien pour se créer un parti dans la nation; le clergé dont Pierre avait lésé les intérêts, se laissa prendre facilement par quelques apparences de religion; elle séduisit le peuple en paraissant attachée aux anciennes habitudes, et disposa les troupes en sa faveur par sa popularité et les largesses qu'elle faisait distribuer secrètement au soldat.

Tout à coup le bruit se répand que Pierre médite la perte de Catherine, qu'il va la faire renfermer, qu'il va désavouer les deux enfans dont elle était déjà accouchée, et celui qu'elle portait dans son sein ; on dit qu'il a visité, dans la forteresse de Schlusselbourg, le fils de la duchesse de Brunswick, et qu'il l'aurait appelé à lui succéder, si ses facultés intellectuelles n'avaient pas été altérées par un long séjour dans cette prison. Vraie ou fausse, cette nouvelle servit merveilleusement les projets de Catherine, en jetant sur elle l'intérêt qui s'attache d'ordinaire aux personnes opprimées, et en légitimant ainsi une conspiration nécessitée alors par le danger que courait sa liberté, sa vie et les droits de ses enfans.

Ce complot, favorisé par plusieurs ambassadeurs, et dirigé par Orloff et le comte Panin, s'étendit rapidement ; on n'attendait plus qu'un moment favorable pour le faire éclater, lorsque

l'arrestation d'un des principaux conjurés vint terminer toutes les irréso-
lutions.

Dans un conciliabule, qui se tint
chez le comte Panin, il fut convenu
qu'on agirait sur-le-champ. Catherine,
alors à Pétershoff, où la cour se trouvait réunie pour les fêtes de la Saint-
Pierre, fut avertie du danger, au milieu de la nuit, par un courrier que lui
envoya Orloff; elle partit en toute hâte,
et arriva, à sept heures du matin, à
Saint-Pétersbourg; malgré sa fatigue,
l'épuisement des chevaux l'avait obligée de faire une partie du chemin à
pied : elle se présente aux troupes et
les harangue; l'enthousiasme qu'elle
excite chez ces soldats, séduits long-
temps à l'avance, gagne de proche en
proche, et bientôt se communique au
peuple qui accourt de toutes parts;
la nouvelle souveraine se dirige, sans
perdre un instant, vers l'église de Casan; tout avait été préparé; elle trouve l'archevêque de Novgorod, qui

l'attendait la couronne à la main; elle fut **sacrée** aussitôt, et proclamée impératrice de toutes les Russies , sous le nom de Catherine II.

Ces nouvelles, en arrivant à Pétershoff, jetèrent l'abattement et le découragement dans l'âme de Pierre. Munich lui proposait de marcher contre les rebelles, à la tête d'un corps de trois mille hommes, sur la fidélité desquels il pouvait compter. Mais ce prince , incapable de prendre un parti aussi vigoureux, préféra entamer des négociations avec sa femme. Cependant l'heure d'agir se passait, et quand il se présenta devant Cronstadt, forteresse très-importante par sa situation et les troupes qu'elle renfermait, la révolution y était déjà connue; l'entrée lui fut refusée, aux cris unanimes de *vive Catherine!* il retourna à Pétershoff, et comme si cette tentative avait usé **toute son** énergie, il écrivit de là à la nouvelle impératrice, pour lui offrir une cession de ses droits, sollicitant humblement la permission de se retirer dans le Holstein, avec sa maîtresse et un seul ami. On lui fit dire de se rendre à Saint-Pétersbourg; il se résigna honteusement, et se mit en route aussitôt.

Tous ceux qui jusqu'alors lui étaient restés fidèles l'abandonnèrent, en arrivant dans cette ville, ou furent enlevés à ses côtés. Seul, au milieu d'une soldatesque insolente, il se rendit à pied au palais de l'impératrice, recueillant sur son passage l'expression du mépris dans lequel il était tombé. Il fut dépouillé de ses habits, et abandonné ainsi, demi-nu, aux insultes de la populace; enfin on parut se souvenir de lui, on lui fit signer un acte d'abdication conçu dans les termes les plus humilians, et on le transporta au château de Robscha, où il fut enfermé sous une garde sûre. A quelque temps de là il fut étranglé dans sa prison, par Alexis Orloff et Boriatinski, et son corps, quoique empreint des traces évidentes du meurtre, n'en fut pas moins exposé aux regards du peuple, pour enlever tout prétexte de révolte aux partisans que ce prince aurait pu conserver.

Cet assassinat, dans lequel quelques historiens ont prétendu que Catherine n'avait pas trempé, consomma la révolution opérée en sa faveur.

Elle saisit les rênes du gouvernement d'une main ferme, récompensa ses amis, humilia ses ennemis et travailla sérieusement à augmenter la prépondérance politique de l'empire. La mort d'Auguste III, roi de Pologne, en livrant ce malheureux pays aux dissensions qui se renouvellaient à chaque élection, fournit à Catherine une occasion dont elle sut bien profiter, pour prendre la direction des affaires de la république. La diète, influencée par la présence des baïonnettes russes, porta un ancien favori de l'impératrice, le comte Poniatowski. Il fut proclamé roi des Polonais, malgré l'opposition opiniâtre de quelques palatins.

La Pologne marcha alors d'un pas rapide vers sa ruine ; en vain le nouveau souverain essaya-t-il d'introduire dans l'administration quelques réformes nécessaires. Catherine, dont le joug devenait de jour en jour plus pesant et plus dur, s'opposait à toute amélioration.

Cependant, le clergé russe, trompé par l'impératrice, qui, loin de lui rendre ses biens, dont il avait été dépouillé par Pierre III, poursuivait au contraire avec activité le même système de spoliation, intriguait pour renverser un pouvoir qu'il avait aidé à élever et parlait d'appeler sur le trône, Ivan, fils de la duchesse de Brunswick, qui languissait depuis son enfance dans le château de Schlusselbourg. Ce désir imprudemment manifesté, devint un arrêt de mort pour ce prince ; il fut gardé plus étroitement et deux sentinelles reçurent l'ordre de veiller constamment sur sa personne, et de le tuer à la moindre entreprise faite pour le délivrer. L'enlèvement prévu fut tenté et coûta la vie au prisonnier ; on a assuré que cette affaire avait été conduite entièrement par les ordres de Catherine, qui voulait à tout prix se débarrasser promptement d'un vain épouvantail.

L'issue malheureuse de cette tentative effraya les ennemis de l'impératrice et assura le repos de l'état. Catherine profita de la tranquillité dont jouissait la Russie, pour réunir à Moscou des députés des différentes provinces de son vaste empire, afin de les consulter sur les changemens qu'elle voulait introduire dans la législation. Elle avait composé, à ce sujet, des instructions qui furent lues dans cette assemblée immense. Elles furent reçues par les députés avec tout le respect et l'enthousiasme qu'on devait attendre de tels hommes. Il paraît pourtant que Catherine craignit qu'il ne jaillît de cette réunion quelques idées, car elle se hâta de prononcer la dissolution de l'assemblée et renvoya les députés dans leurs provinces. La Pologne était alors dans un état voisin de l'anarchie; comme si les dissensions politiques ne devaient pas la conduire assez sûrement à sa perte ; cette république insensée était devenue le foyer d'une querelle religieuse ; l'esprit d'intolérance propre au culte romain, avait soufflé sur les catholiques polonais et leur avait inspiré la volonté désastreuse de proscrire en masse tous les sectateurs des autres cultes. Catherine ne manqua pas une si belle occasion d'affaiblir la Pologne, les dissidens étaient en minorité ; elle les prend d'abord sous sa protection et leur fournit les moyens de soutenir leur cause, les armes à la main ; puis changeant de rôle tout à coup, elle leur retire ses secours, et aide à les exterminer.

Cependant les autres cours de l'Europe qui, depuis long-temps, avaient pressenti les projets de l'impératrice sur la Pologne, et qui avaient intérêt à arrêter l'accroissement prodigieux de la Russie, étaient parvenues à lui susciter une guerre avec les Turcs. Vaincus d'abord sous les remparts de Khoczin, les Russes reprirent bientôt la supériorité que leur assuraient la discipline des troupes et l'habileté des généraux. Galitzin attaque les Ottomans sur les bords du Danube, disperse leur armée, et les force à évacuer la Moldavie et la Valachie; d'un autre côté, Roumiantzoff, sur les bords du Borysthène, leur tue cinquante mille hommes, s'empare des bagages et d'un parc d'artillerie de cent quarante-trois pièces de canon, tandis que Bender, Ackermann et Ismaïlow, ouvraient leurs portes au comte de Panin. C'est alors, qu'émerveillée de ces succès, Catherine conçut, à ce qu'il paraît, le projet de chasser entièrement les Turcs de leurs possessions européennes. On lui a prêté l'intention de rétablir à

Constantinople le siége d'un nouvel empire grec; il est certain au moins qu'elle se servit de ce leurre pour déterminer les Grecs de la Morée à faire une diversion à son profit; mais, après avoir fomenté la révolte, les troupes, qui devaient la soutenir, se rembarquèrent, et laissèrent, sans défense, les malheureux qu'on avait trompés par une espérance de liberté.

Alexis Orloff acquit une gloire immortelle par l'incendie de la flotte turque, dans la baie de Tchesmé (1770).

Les Russes continuèrent, sur terre, le cours de leurs succès; les lignes de Prékop furent enlevées par le prince Dolgorouki, et la Crimée fut occupée par les troupes de Catherine. Le sultan demanda la paix, mais les négociations, entamées à Foksani, n'ayant amené aucun résultat, les hostilités recommencèrent avec une nouvelle fureur; enfin après quelques légers avantages, les Turcs, repoussés sur tous les points, furent obligés de subir la loi du vainqueur.

On signa, à Kainardgi, un traité de paix dans lequel Catherine stipula l'indépendance de la Crimée.

La peste, apportée de Bender à Moscou, faisait payer bien cher aux Russes leurs sanglantes victoires; elle ravagea plusieurs contrées, et s'étendit jusqu'en Pologne : sous prétexte d'arrêter, par un cordon sanitaire, les progrès de ce fléau terrible, Catherine, de concert avec la Prusse et l'Autriche, fit occuper ce pays par une armée nombreuse. En vain le brave Pulauski essaya - t-il de nationaliser la défense du sol, en amenant de force Poniatowski dans les rangs des confédérés ; son projet d'enlèvement manqua, et ses efforts n'aboutirent qu'à motiver le premier démembrement de la Pologne (1773). Par une amère dérision du droit sacré des nations, on contraignit la diète à sanctionner cette scandaleuse spoliation, et la diète consentit au traité qui enlevait à la Pologne environ cinq millions d'habitans.

Malgré les précautions qu'avait prises Catherine pour que la mort de Pierre III ne restât ignorée de personne, le nom de ce malheureux prince fut exploité par plusieurs intrigans qui prétendirent le faire revivre à .leur profit. Un seul, Yemeljan Pugastcheff, cosaque né sur les bords du Don, réussit à jouer son rôle de manière à inquiéter sérieusement l'impératrice; protégé par les moines, il avait réuni assez de partisans pour tenir la campagne, et battre, à plusieurs reprises, les troupes qu'on envoya contre lui; mais sa fortune échoua contre le prince Galitzin; une défaite dispersa son armée, et lui-même, livré par deux des siens, porta sa tête sur un échafaud.

Ce fut à cette époque que Potemkin commença sa brillante carrière; les faveurs de Catherine le portèrent du premier bond aux plus hautes dignités de l'état; son adresse et ses talens l'y maintinrent. Il est à remarquer que, des nombreux amans de cette princesse, Orloff et Potemkin furent les seuls dont la fortune survécut au caprice qui les avait tirés des rangs les plus obscurs de la société.

La Crimée, qui avait été détachée de la Turquie par le traité de Kaidnardgi, n'était pas tranquille : les Tatars se révoltèrent ; aussitôt, sous prétexte de protéger son indépendance, des troupes russes entrèrent dans ce pays ; le chef, qu'on supposait vendu à la Porte, fut chassé et remplacé par une créature de l'impératrice, et à quelque temps de là, l'ancien khan ayant voulu revendiquer ses droits, la Crimée fut envahie de nouveau, et mise sous la protection de la Russie. C'était violer ouvertement le traité de Kaidnardgi ; les Turcs coururent aux armes ; mais, sur ces entrefaites, la guerre avait éclaté entre la Prusse et l'Autriche, au sujet de la Bavière. Catherine, déterminée à intervenir dans cette querelle, ne jugea pas à propos de se mettre de nouveaux ennemis sur les bras; elle sacrifia, pour un temps, ses prétentions, et donna ordre d'évacuer la Crimée.

Le différend qui divisait la Prusse et l'Autriche, se termina bientôt après au congrès de Teschen. Catherine reprit aussitôt ses projets contre l'Orient. Une armée nombreuse, commandée par Potemkin, fond sur la Crimée, égorge des milliers de Tatars, et oblige le sultan à signer un nouveau traité, par lequel il abandonne, à la Russie, la Crimée, l'île de Taman et une partie du Kouban.

Au retour de cette glorieuse expédition, Potemkin reçut un accueil brillant de sa maîtresse, et son crédit augmenta à tel point, qu'on répandit le bruit qu'un hymen secret l'unissait à l'impératrice; mais ce mariage, s'il est vrai qu'il ait existé, n'amena aucun changement dans l'administration des affaires, et n'arrêta point Catherine dans le cours de ses prostitutions :

au contraire, grâces à ce même Potemkin, qui prit la charge d'intendant de ses plaisirs, elle fut souvent dispensée de l'embarras de faire ses choix.

Catherine voulut visiter les nouvelles contrées qui venaient d'être réunies à son empire. Son voyage fut une longue série de fêtes qui surpassèrent en prestiges tout ce que pourrait inventer l'imagination la plus vive et la plus bizarre. Une reine magnifique, environnée d'une cour nombreuse, traînant des potentats * à sa suite, descendant majestueusement un fleuve ** dont le lit, jusqu'alors impraticable, avait été débarrassé, pour la recevoir, des énormes rochers qui l'obstruaient ; une population nombreuse qui venait sur les rives saluer de mille cris de joie son auguste souveraine ; la campagne couverte de riches trou-

---

* Poniatowski et Joseph II.
** Le Dniéper.

peaux, et sur laquelle s'élevaient de distance en distance des villages et des villes bien bâties, présentaient à l'œil un tableau admirable. Catherine était dans l'enchantement; elle n'imaginait pas sans doute que ces habitans si gais et si heureux, n'étaient que de malheureux esclaves transportés à grands frais sur son passage, voiturant avec eux leurs villes et leurs villages pour aller un peu plus loin reproduire les mêmes scènes sous un autre costume.

La guerre se ralluma bientôt; les Turcs honteux de leurs défaites, reprirent les armes pour arracher aux Russes les provinces qu'ils leur avaient abandonnées; mais de nouveaux échecs les firent repentir d'avoir provoqué leurs ennemis; Otchakoff, Kisbourn, Kotchim tombèrent au pouvoir des généraux de Catherine, tandis que son allié, Joseph II, empereur d'Allemagne, s'emparait de Sobacher, de Doubitza. Sur mer, la flotte ottomane fut presque entièrement détruite par l'amiral russe Ouchakoff.

Sur ces entrefaites le roi de Suède, excité par la Prusse et l'Angleterre, rompit brusquement avec la Russie, et marcha sur Saint-Pétersbourg. Cette diversion sur laquelle la Porte avait sans doute compté, aurait pu changer la face des affaires, en obligeant Catherine à rappeler une partie de ses troupes dans un moment où elles étaient d'autant plus nécessaires que la mort de Joseph venait déjà de lui enlever un puissant auxiliaire; mais la tentative de Gustave échoua par trop de précipitation; et, obligé de voler à la défense de ses états menacés par le roi de Danemarck, il accepta bientôt la paix qu'on lui offrait.

Tranquille de ce côté, Catherine poussa alors avec vigueur la guerre contre les Turcs. Ils furent battus sur tous les points. Ismaïl emportée de vive force après trois assauts consécutifs, fut abandonnée au pillage et ruinée de fond en comble. Trente-cinq mille Turcs y perdirent la vie, le réste des habitans fut transporté en Russie. Le siége avait été conduit par Souwarow, qui commença ainsi par un glorieux fait d'armes, sa longue carrière militaire. Épouvantée de ces revers, la Porte entama des négociations, mais on ne put d'abord pas s'entendre et la guerre continua. De nouvelles défaites disposèrent le sultan à subir la loi du vainqueur : il signa le traité de Jassy, qui lui enlevait la forteresse d'Octchakoff et ses possessions sur le Dniéper.

Cependant l'anéantissement de la Pologne avait été résolu par le cabinet de Saint-Pétersbourg. On ne manqua pas de bonnes raisons pour colorer cet attentat, on les détailla dans une déclaration de guerre, signifiée à la diète en 1793, et appuyée de cent vingt mille baïonnettes. Le principal crime des Polonais était de désirer ardemment la liberté, et d'applaudir franchement

aux **principes** qui avaient révolution-
né la **France.**

L'invasion du sol n'excita point,
chez l'universalité des Polonais, cet
élan patriotique, présage toujours
certain de la victoire. Une foule de
nobles demeurèrent simples spectateurs de la lutte, les uns vendus à la
Russie, les autres atiédis par la crainte
de perdre leurs richesses et leurs vas-
saux ; le roi lui-même ne prit pas, dans
cette circonstance, une allure fran-
che. Kosciuszko parvint à réunir environ trente mille hommes, à la tête
desquels il soutint long-temps, et quelquefois avec bonheur, les attaques
réitérées d'une armée plus que qua-
druple. Les efforts de ce généreux citoyen, pour soustraire sa patrie au
joug humiliant d'un despote étranger,
ne furent pas couronnés du succès que
son génie et sa bravoure méritaient ; il
tomba percé de coups dans l'affaire de
Maciesowice. Avec lui tomba la monarchie ; la nation polonaise n'eut plus

de défenseurs, et la liberté s'enfuit de ces contrées que réclamait l'esclavage.

Les débris de l'armée de Kosciuszko, poursuivis l'épée dans les reins par le farouche Souwarow, se réfugièrent à Praga. Ils y furent égorgés par l'impitoyable vainqueur, qui, dans la crainte d'en laisser échapper un seul, confondit, dans cette exécution, le citoyen paisible et le soldat. « Je suis vengée, s'écria Catherine en apprenant ce massacre, je suis vengée, les Polonais sont exterminés! »

Stanislas Auguste fut relégué à Grodno, et la Pologne partagée entre la Russie, la Prusse et l'Autriche.

Catherine, sollicitée d'entrer dans la ligue formée à cette époque contre la France, adhéra aux conventions, accueillit et encouragea les émigrés, mais s'abstint d'abord de prendre une part active à cette lutte, soit qu'elle ne vit là aucun avantage réel, soit plutôt qu'elle méditât des guerres plus fructueuses.

Les hostilités avaient commencé contre la Perse, et il paraît qu'elle était déterminée à tenter les derniers efforts pour refouler enfin les Turcs en Asie. Cependant elle avait ordonné la levée de cent mille hommes, destinés à marcher contre la France, lorsque la mort vint terminer ses projets et ses espérances. Elle succomba sous une attaque d'apoplexie, en 1796.

Catherine, que Voltaire avait surnommée la *Sémiramis* du Nord, mérita parfaitement ce surnom, par ses crimes, ses débauches et par ses talens. A l'extérieur, elle agrandit l'empire, le rendit redoutable à ses voisins et lui imprima un mouvement d'envahissement qui n'est pas encore ralenti ; à l'intérieur, elle réorganisa la machine détraquée par vingt ans de faiblesse et d'anarchie, donna à l'administration des ressorts puissans, et parvint à unir par des liens solides les différentes provinces dont se compose cette monarchie. Jugée comme souveraine et comme femme, l'histoire dira qu'elle fut une grande reine, en même temps qu'elle flétrira la mémoire d'une prostituée, meurtrière de son époux.

A la mort de Catherine, Paul Ier monta sur le trône. La froideur qu'elle avait constamment témoignée pour ce prince, a fait supposer qu'elle n'avait pas l'intention de lui laisser sa couronne, et pour justifier cette opinion, on a prétendu que Paul n'était pas son fils, mais bien le fruit du commerce illégitime de l'impératrice Élisabeth et de Razoumouffscki. Quoi qu'il en soit, Paul se vengea sur les protégés de Catherine de l'éloignement où celle - ci l'avait tenu des affaires; il se créa pour ainsi dire une cour nouvelle. Son premier acte avait été de suspendre la levée des cent mille hommes qui devaient marcher contre la France; mais l'influence du cabinet de Saint-James changea bientôt cette détermination : une armée de cinquante mille hommes se mit en route sous les ordres du vieux Souwarow, et se réunit à trente mille Autrichiens qu'elle trouva à Vérone.

L'armée combinée s'avança aussitôt à la rencontre de l'ennemi. Souwarow, habitué à vaincre et plein de mépris pour les Français, ne voyait pas en eux des antagonistes bien redoutables; l'événement sembla d'abord justifier sa présomption : vainqueur à Cassano et à Bassagnano, il marcha rapidement sur Turin; mais l'arrivée de Macdonald, qui était entré en Lombardie avec trente-cinq mille hommes, l'obligea à rétrograder sur les rives de la Trebbia; ce fut là que se livra cette bataille célèbre, dont le succès long-temps contesté, demeura indécis; les deux partis s'attribuèrent la gloire de cette journée.

Cependant Macdonald ayant échoué dans son plan d'attaque, avait été obligé de se retirer; sa retraite se fit avec ordre; Souwarow ne songea point à l'inquiéter, il ne voulait se porter en avant qu'après avoir réduit les places fortes que les Français tenaient encore dans le Piémont. Joubert, à la tête de quelques mille hommes, essaya en vain de l'arrêter ; la victoire trahit sa généreuse audace, ses troupes furent écrasées, et lui-même tomba blessé mortellement en conduisant ses grenadiers à l'ennemi.

Cette sanglante journée valut à Souwarow le titre de prince et le surnom d'*Italique*. Un ukase de l'empereur le déclara le plus grand des généraux anciens et modernes.

Mais ces succès glorieux avaient singulièrement affaibli les Russes ; de cette armée si nombreuse, à peine restait-il dix mille hommes.

Paul Ier, déterminé *à détruire le gouvernement impie qui dominait la France*, fournit à la coalition quatre nouvelles armées, qui devaient envahir la France par l'est et le midi, et, de concert avec l'Angleterre, re conquérir la Hollande. Korsakoff, à la tête de quarante mille hommes, joignit l'archiduc à Zurich, qui venait de lui ouvrir ses portes; il poussait Masséna, que la défaite de Jourdan à Ostrach avait obligé de rétrograder. L'armée russe était composée de l'élite des troupes; ces vieux soldats, que Souwarow et Potemkin avaient si souvent conduits à la victoire, attendaient avec impatience, dans de nouveaux combats, l'occasion de triomphes nouveaux. L'occasion se présenta bientôt, et la première bataille leur enleva la réputation d'invincibles qu'ils avaient gagnée dans cinquante affaires. Mais leurs cadavres, amoncelés sur les plateaux de Zurich, attestaient leur courage; ils étaient morts à leur poste, sans demander ni recevoir aucun quartier. Dans cette journée mémorable, Masséna sauva la France *.

---

* L'artillerie qui contribua puissamment au gain de cette bataille était commandée par le général Foy, alors chef d'escadron.

Cette victoire était d'autant plus nécessaire, que Souwarow, ayant franchi le Saint-Gothard, s'avançait à grandes journées pour opérer sa jonction avec Korsakoff. Instruit de l'échec que ce dernier venait d'éprouver à Zurich, il fit néanmoins, mais en vain, tous ses efforts pour parvenir jusqu'à lui ; Masséna marcha à sa rencontre, et l'obligea à songer à la retraite ; il la conduisit en général consommé, et les vainqueurs, eux-mêmes, rendirent justice à l'habileté de ses manœuvres.

L'armée combinée des Anglo-Russes en Hollande, ne fut pas plus heureuse : battu à Castricum, par le général Brune, le duc d'Yorck, qui la commandait, se rembarqua précipitamment, après avoir signé à Alkmaar une capitulation honteuse.

Paul Ier, que les succès de Souwarow avaient enorgueilli, n'apprit pas ces revers sans indignation ; les premiers effets de sa colère portèrent sur ses

troupes : tous les officiers qui man-
quaient à leur poste, morts ou prisonniers, furent cassés et flétris en masse.
Il se détacha aussi tout-à-fait de la
coalition, et ne manqua aucune occasion d'humilier, dans leurs ministres,
ses anciens alliés, à l'inertie desquels il
attribuait tous les désastres.

Et quand, après la bataille de Ma-
rengo, Bonaparte, qui voulait le gagner à la France, eut renvoyé les prisonniers russes sans rançon, ce monarque se montra disposé à traiter avec
la république, et à épouser ses querelles ; un armement formidable se prépara dans les ports de la Russie, destiné à ruiner les possessions anglaises
dans les Indes.

L'Angleterre travailla avec ardeur à
parer le coup qui la menaçait ; ayant
échoué dans ses négociations pour ramener Paul à la coalition, elle résolut
de le renverser. Le général anglais
Beningson fut chargé d'ourdir une
conspiration ; plusieurs nobles, irrités

contre le tzar, ou gagnés par l'or britannique, donnèrent les mains à ce complot. Le but des conjurés était de contraindre l'empereur à abdiquer en faveur d'Alexandre, son fils. Il paraît que Paul eut connaissance de ces machinations ; on dit même qu'il donna à Pallien l'ordre d'arrêter les deux grands - ducs, et que ce fut cet ordre qui arracha à Alexandre un demi-consentement qu'il avait refusé jusque-là. Quoi qu'il en soit, le 23 août 1801, Paul fut assassiné par vingt conjurés, au nombre desquels se trouvait Béningson, qui pénétrèrent dans son appartement après avoir égorgé la sentinelle.

Alexandre fut proclamé sans obstacle.

Cet événement fit retomber la Russie sous l'influence du cabinet de Saint-James ; un traité de paix fut cependant signé avec la France, mais l'Angleterre ayant repris les armes quelque temps après, tout le nord de l'Europe se trouva engagé avec elle dans une nouvelle lutte. Cette troisième coalition se brisa bientôt devant le génie qui présidait alors aux destinées de la France, elle vint échouer dans les plaines d'Austerlitz; ce fut là que Napoléon, auquel les temporisations du général russe avait donné le temps de réunir ses forces, gagna cette bataille mémorable, dont les détails remplissent une des plus belles pages de l'histoire militaire de ce grand homme.

La perte des Russes, dans cette journée, fut immense. Un corps entier de trente mille hommes disparut dans les eaux d'un lac glacé, sur lequel ils s'étaient imprudemment avancés. Ils eurent quinze généraux tués ou pris, et laissèrent au pouvoir de l'ennemi tout leur bagage et cent - cinquante pièces de canon *.

---

* Le ministre du roi de Prusse qui se rendait au camp des alliés, en apprenant l'issue du combat, tourna brusquement vers le

Un armistice, accordé à l'Autriche, à condition que les Russes évacueraient son territoire, fut suivi (1805) de la paix de Presbourg.

Plus fier que ses alliés, Alexandre ne rechercha pas l'amitié du vainqueur; les négociations entamées à Paris, par son ambassadeur, n'avaient pour objet que de gagner du temps, afin de se préparer à de nouveaux combats.

La Prusse voulut aussi rentrer dans la lice, et commença les hostilités ; mais elle ne put pas même tenir assez long-temps pour donner le temps à son allié de venir à son secours ; battue à Iéna (1806), elle ouvrit, dix jours après, les portes de sa capitale aux Français. Les Russes firent payer leur défaite plus cher au vain-

vainqueur, et vint au nom de son maître lui offrir ses félicitations bien sincères. « Voilà, dit Napoléon, un compliment dont la fortune a changé l'adresse. »

queur. Les journées de Czarnovo, de Mohrougen, de Pultulsk et de Golymin, n'amenèrent aucun résultat important; et, au commencement de la campagne suivante, les armées se retrouvèrent en présence. La lutte recommença à Eylau ; la mêlée fut opiniâtre et la perte énorme des deux côtés, cependant le champ de bataille demeura aux Français. Poursuivant ses avantages, Napoléon s'empara de Dantzick, battit de nouveau Alexandre à Friedland, et obligea enfin ce redoutable adversaire à demander la paix. Les deux empereurs eurent une conférence sur le Niémen, suivie bientôt du traité de Tilsitt.

Par ce traité, qui termina la quatrième coalition, la Prusse abandonnait ses possessions en Pologne, Dantzick recouvrait son indépendance et une partie de son territoire, et la Russie, entrant franchement dans le système continental, s'engageait à fermer ses ports aux Anglais.

Cependant les Anglais, après avoir engagé la Suède dans une guerre désastreuse, incendiaient Copenhague et s'emparaient de la flotte du roi de Danemarck, pour se venger du refus qu'il avait fait d'entrer dans la coalition.

Alexandre, dans cette circonstance, exécuta noblement les clauses du traité de Tilsitt : il mit l'embargo sur tous les vaisseaux anglais qui se trouvaient dans les ports de la Russie, séquestra toutes leurs propriétés, et déclara qu'aucune communication ne serait rouverte avec eux, avant qu'ils n'eussent conclu la paix avec la France et donné satisfaction au Danemarck.

L'empereur de Russie se prêtant de bonne grâce aux projets de Napoléon, et, paraissant disposé à les soutenir avec vigueur, n'avait plus rien à craindre du côté de la France.

La Turquie avait cru pouvoir profiter des circonstances pour revenir, les armes à la main, sur le traité de

Jassy ; mais la guerre, conduite avec mollesse, n'avait servi qu'à mieux faire ressortir la faiblesse de cette nation désorganisée. Malgré l'inégalité des forces, les Russes soutinrent la lutte avec avantage : ils occupèrent la Moldavie et la Valachie, et leur armée, sans cesse dégarnie pour aller renforcer l'armée de Pologne, s'y était maintenue, lorsque la paix de Tilsitt vint déterminer la Porte à signer un armistice (1807).

Cet armistice ne fut pas de longue durée : Alexandre voulait conserver les provinces occupées par ses troupes sur la rive gauche du Danube. Des prétentions si élevées indignèrent le divan, on courut aux armes de part et d'autre, et les hostilités recommencèrent (1809).

Vaincus d'abord sur tous les points, les Turcs prirent une glorieuse revanche en Bulgarie : le prince Bagration fut obligé d'évacuer cette province, laissant dix mille morts devant un camp retranché qu'il avait attaqué inutilement.

La campagne suivante s'ouvrit pour la Turquie sous les plus fâcheux auspices : Pasardsik, Silistrie, Ismaïl tombèrent d'abord au pouvoir de l'ennemi; Schumla, que sa situation au pied du Mont-Hémus, et ses fortifications, faisaient regarder avec raison comme le boulevard de l'empire, fut obligée aussi d'ouvrir ses portes, après une résistance opiniâtre. Les affaires étaient désespérées, la Porte demanda une suspension d'armes, on ouvrit des conférences pour traiter de la paix : les résultats de la campagne n'étaient pas de nature à changer les dispositions de la Russie; elle renouvela ses prétentions, et le sultan aurait été contraint d'y souscrire, lorsqu'un événement important vint donner une face nouvelle aux affaires. Alexandre rappelait en toute hâte une partie de son armée, et prescrivait à son ministre de conclure la paix à tel prix que ce fût; en conséquence on signa, à Bukarest, des conventions qui rétablissaient les choses dans l'état où elles se trouvaient après le traité de Jassy.

Ce mouvement des armées russes était commandé par la plus impérieuse nécessité : il s'agissait de repousser la plus formidable invasion qui jamais ait menacé le nord de l'Europe; ce n'était plus Charles XII à la tête de trente mille Suédois, s'efforçant de se frayer un passage jusqu'à Moscou, c'étaient cinq cent mille guerriers intrépides, habitués à vaincre, et conduits par un héros qui n'avait jamais connu de revers. Napoléon s'élançait contre la Russie du poids de toutes ses forces, augmentées de celles des nations auxquelles il avait imposé son alliance. La Confédération du Rhin, l'Italie, l'Autriche, la Prusse, la Pologne avaient fourni près de deux cent mille hommes. On conçoit qu'Alexandre avait besoin de toutes ses troupes pour résister à un si puissant ennemi. Si le sultan avait su profiter des circonstances fâcheuses où se trouvait la Russie, pour l'attaquer vigoureusement, ce colosse aurait été infailliblement détruit; mais il fut la dupe d'un diplomate habile, et posa les armes au moment où Napoléon, déjà au sein de l'empire, obligeait le tzar à dégarnir ses frontières.

L'armée russe, forte de quatre cent mille hommes environ, était divisée en deux corps d'armée sous les ordres de Barclay de Tolly et du prince de Bagration. Ce fut au nom *de la liberté*, *de la patrie*, qu'Alexandre appela ses sujets au combat. Ces mots magiques, quoique inconnus à ceux auxquels ils s'adressaient, excitèrent cependant un vif enthousiasme; la guerre devint nationale. Mais une défaite pouvait amortir cet élan; Barclay le comprit. Il évita, avec soin, tout engagement, et, laissant le climat combattre ses dangereux adversaires, il ne s'occupa que des moyens de rendre leur route pénible et embarrassante, en ruinant le pays qu'il leur abandonnait. Toujours en face de l'ennemi qu'il fatiguait par des marches et des contre-marches, toujours prêt à combattre, il échappait quand on croyait le tenir, et disparaissait pour se représenter un peu plus loin.

Les Français n'avaient pas trouvé d'obstacles en Pologne; ils pénétrèrent en Lithuanie avec une égale facilité. Le passage du Niémen et de la Vilia s'opéra sans qu'un seul coup de fusil fût tiré. Les Polonais accueillirent Napoléon avec des cris de joie; la république s'était réorganisée, et la diète assemblée vota une adresse au libérateur de la patrie.

Napoléon avait espéré que l'appareil de ses forces suffirait pour épouvanter Alexandre, et l'obliger à demander la paix. Il se trompait; Alexandre ne recula pas devant une lutte corps à corps contre le géant, qui, depuis quinze ans, gouvernait l'Europe avec des baïonnettes et du canon. Il lui fit faire pourtant des propositions ; mais, avant tout, il exigeait l'évacuation complète du territoire russe ; jusque-là il ne voulait entendre à aucun arrangement.

L'armée française reçut ordre de marcher en avant ; on échangea quelques coups de canon aux environs de Vilna, mais il n'y eut point d'engagement sérieux. Par une manœuvre habile, Davoust avait réussi à séparer de l'armée russe, un corps de quarante mille hommes, commandés par Bagration. Ce corps, enveloppé de forces plus nombreuses, allait être obligé de poser les armes ; l'impatience de Jérôme le sauva en lui ouvrant un passage dont il profita pour aller se réunir à l'armée de Barclay.

Napoléon, en quittant Vilna, se dirigea sur Vitepsk. L'armée russe, appuyée sur les hauteurs qui commandent cette ville, paraissait disposée à en défendre les approches. Tout an-

nonçait, pour le lendemain, une bataille sanglante et décisive. Le lendemain les Russes avaient disparu;
Vitepsk ouvrit ses portes sans résistance.

Cette poursuite toujours vaine, d'un
ennemi qui reculait toujours sans rendre de combat, fatiguait les Français.
Le repos devenait nécessaire au chef
et aux soldats, ils s'arrêtèrent quelques jours; on crut même que la campagne de 1812 était terminée, et que
l'exécution des plans de l'empereur
serait ajournée à l'année suivante. Les
besoins de l'armée semblaient com-
mander cette mesure; déjà décimée
par la fatigue et les maladies, elle
commençait à être en proie aux privations de toutes espèces. La rapidité de
sa marche l'avait contrainte de laisser
en arrière des convois immenses, arrêtés encore par la difficulté des
transports. Cependant l'ordre du départ fut donné, et l'armée s'avança
dans la direction de Smolensk. Les

Russes firent devant cette ville les mêmes démonstrations qu'ils avaient faites devant Vitepsk; leurs troupes, déployées dans la plaine, semblaient attendre et défier l'ennemi. Mais, à son arrivée, elles se replièrent derrière la ville, y laissèrent un corps assez nombreux, chargé d'y tenir le plus long-temps possible, et de ne l'abandonner qu'en la brûlant.

A Smolensk comme à Vitepsk, Napoléon berça quelque temps ses généraux de l'espoir de s'y arrêter; Ney, Murat, placés à l'avant-garde, reçurent ordre d'éviter tout engagement décisif, et l'empereur établit son quartier-général à Smolensk. Murat, toujours poursuivant les Russes, les joignit à Dorogbouje; ils étaient dans une position forte et faisaient mine de vouloir combattre; Napoléon accourut avec le gros de l'armée; Barclay de Tolly était déjà décampé; Ney, de son côté, avait eu à Valentina une affaire d'avant-garde, qui aurait pu devenir décisive, sans une négligence impardonnable de Junot, qui perdit là, ainsi que l'observa Bonaparte, le plus beau jour de sa vie.

Napoléon chercha à renouer à Smolensk les négociations entamées à Vilna; il se fit entre lui et Barclay un échange de parlementaires qui n'amena aucun résultat; les Français continuèrent leur marche sur Moscou.

Sur ces entrefaites, Alexandre cédant enfin aux vœux des troupes qui s'indignaient de la sage lenteur de leur général, avait confié à Kutusof le commandement en chef de ses armées. Ce vieux guerrier ne trompa point l'attente du soldat. Les Français en arrivant dans la plaine de Borodino, trouvèrent les Russes campés sur les hauteurs qu'ils avaient fortifiées à la hâte; ce fut là que se livra cette fameuse bataille qui coûta la vie à près de cent mille hommes; l'honneur de cette sanglante journée, quoique revendiqué par les Russes, qui firent chanter un *Te Deum*, demeura néanmoins tout entier aux Français, qui les chassèrent de leur position, et les poussèrent en désordre au-delà de Moscou. On a accusé Napoléon de n'avoir pas su tirer parti des avantages qu'il avait obtenus pour rendre la victoire plus décisive; on le blâme d'avoir ordonné de fausses manœuvres pendant le combat, et d'avoir fait cesser son feu quand il lui restait trois heures de jour pour écraser l'ennemi et changer sa retraite en déroute; pour justifier ces allégations, on prête à ses divers généraux, des expressions plus ou moins acerbes que nous ne répéterons pas ici. Quoi qu'il en soit, les suites de cette affaire furent l'occupation de Moscou par l'armée française. L'incendie de cette ville, cause première des épouvantables désastres qui vinrent de toutes parts fondre sur les Français, fut attribuée à Napoléon, et servit long-temps de texte aux détracteurs du grand homme déchu. Mais il demeure bien prouvé maintenant qu'il y fut entièrement étranger, et que cette capitale fut sacrifiée par le comte Rostopchin, qui en était le gouverneur.

Après avoir attendu inutilement pendant trente-cinq jours, des propositions de paix, l'empereur se détermina enfin à abandonner son inutile conquête, et songea à ramener ses troupes dans des contrées qui offrissent plus de ressources pour la subsistance d'une armée aussi nombreuse.

La retraite des Français, entravée par des obstacles de toutes espèces, ne s'opéra qu'avec des pertes énormes. Obligés de se frayer, la pioche à la main, un passage dans des pays inconnus et impraticables, accablés par la fatigue, par la faim, par le froid, ces généreux guerriers retrouvaient encore des forces pour repousser une nuée d'ennemis qui se précipitaient sur leurs pas ; à Malolaroslavets, à Viosma, à Krasnoé, sur les rives de la Bérézina, ils justifièrent, par des prodiges de valeur, la réputation qu'ils avaient acquise par vingt années de succès.

On prétend que les généraux russes ont manqué plus d'une fois, par leur lenteur, l'occasion de détruire entièrement l'armée française, mais on convient que dans cette campagne si glorieuse pour elles, leurs troupes montrèrent le plus grand courage, et que leur dévouement ne se démentit pas un instant.

Alexandre avait joint son armée à Vilna; sa présence, son exemple, sa générosité, sa sollicitude pour les blessés, les récompenses flatteuses qu'il accordait à propos, lui gagnèrent le cœur de tous ses sujets.

L'issue de cette invasion détacha la Prusse de la France et amena l'évacuation de la Pologne, qui retomba ainsi sous le joug de ses anciens maîtres.

Cependant Napoléon (1813), après avoir levé sur son peuple un nouveau tribut de soldats, rentrait dans la lice à la tête d'une armée nombreuse , déterminé à ressaisir par la victoire une suprématie qui lui échappait. Les journées de Lutzen et de Bautzen signalèrent l'ouverture de cette campagne , et furent suivies d'une armistice, dont Alexandre profita pour renforcer son armée, et s'assurer l'alliance de la Prusse et de l'Autriche. Les hostilités ne tardèrent pas à recommencer. Vainqueur dans un combat sanglant qui se livra sous les murs de Dresde , Napoléon perdit par la faute de ses généraux tout le fruit qu'il pouvait espérer de la victoire. Les Russes opérèrent leur retraite sans danger et vinrent prendre à Leipsick une revanche qui les aurait couverts de gloire, s'ils ne l'avaient due qu'à leur courage ; mais ce qui décida le succès fut la trahison du général Wrède, qui abandonna les Français au commencement de l'action , passant dans les rangs des alliés avec ses Bavarois et environ soixante-dix pièces de canon. Les Français furent complétement battus. Un accident qu'il était impossible de prévoir, vint ajouter aux désordres inséparables d'une retraite précipitée. Le militaire chargé de faire sauter, après l'entier écoulement des troupes, le pont unique sur lequel elles devaient traverser l'Elbe, devança le moment de l'exécution et ferma par là le débouché à une partie de l'armée. Tout ce qui ne se rendit pas tomba sous le fer du vainqueur ou périt dans les flots.

Napoléon réussit cependant à ramener en France quelques débris de son armée, en passant sur les cadavres des Bavarois, qui essayèrent en vain de l'arrêter à Erfurt. Mais les affaires des Français avaient été ruinées sans retour à Leipsick : l'armée combinée des alliés se porta rapidement en avant, réduisant sur son passage les villes occupées par des garnisons françaises. Elle arriva sur les bords du Rhin, et envahit la France, en déclarant, toutefois, que ce n'était pas contre elle, mais contre Napoléon, que la guerre était dirigée.

La défection, en ouvrant les portes de Paris aux souverains alliés, termina une campagne qui avait fait briller d'un nouvel éclat le courage des Français et le génie immortel de l'homme qui les commandait. Les journées si glorieuses et si décisives de Champaubert, de Montmirail, de Vauchamp, semblaient promettre à la France un autre dénouement. Napoléon revenait en vainqueur à la tête de sa vieille garde, contre l'ennemi qu'il prétendait écraser sous les murs de Paris. Déjà les princes coalisés, inquiets sur le succès de leurs armes, et regrettant de s'être engagés si avant, lui avaient fait faire des propositions de paix. La fortune semblait lui avoir rendu ses faveurs; il pouvait espérer encore imposer la loi à l'Europe, quand il apprit la reddition de sa capitale. Il resta à Fontainebleau où il attendit la suite des événemens. Alexandre et le roi de

Prusse firent leur entrée aux acclama-
tions de la foule accourue sur leur passage ; les peuples ont des joies pour tous
les événemens : le Parisien accueillit
les princes étrangers comme il aurait
accueilli Bonaparte ; il arbora la cocar-
de blanche avec enthousiasme, et bé-
nit ceux qui rendaient la France aux
Bourbons. Le duc de Vicence, qui
stipulait les intérêts de son maître, ne
put faire entendre sa voix. La famille
impériale fut déchue, Bonaparte exilé
à l'île d'Elbe, après avoir signé une
abdication en forme, et Louis XVIII
proclamé roi de France. Le traité de
Paris, qui fut conclu alors, entre les
puissances belligérantes, rétablissait
les limites de la France, ainsi qu'elles
existaient au 1er janvier 1792, et portait qu'on ouvrirait à Vienne un congrès pour statuer sur le sort des provinces que l'on enlevait à la France.

Les affaires ainsi terminées, Alexandre alla visiter l'Angleterre et retourna
ensuite dans ses états où l'on commen-

çait à murmurer de sa longue absence ; il se refusa à tous les honneurs qu'on voulait lui rendre, acceptant seulement le titre de *bienheureux* que son sénat lui décerna, et travailla avec ardeur à réparer les maux que la guerre avait causés ; il réorganisa l'administration dont les ressorts s'étaient détraqués, encouragea l'industrie et le commerce, et augmenta son armée permanente dont il fit restaurer l'immense matériel.

Les conférences de Vienne s'ouvrirent sur ces entrefaites ; les questions politiques de la plus haute importance y furent débattues et tranchées. Murat, malgré les droits que sa trahison lui avait donnés, fut sacrifié à la haine que l'Angleterre conservait pour tout ce qui appartenait à Napoléon. La Saxe échappa à la Prusse et reprit son indépendance et son rang parmi les nations. Par une fiction indigne, on prétendit aussi relever le royaume de Pologne. En effet, les provinces qui le composaient autrefois conservèrent leur ancienne dénomination, mais ce changement n'aboutit qu'à augmenter, d'un titre nouveau, la longue nomenclature des qualités de l'empereur de toutes les Russies. En acceptant cette royauté, il avait promis de donner à ces vieux républicains une constitution qu'ils attendent encore, et que très-probablement ils attendront long-temps. Une constitution, qui limiterait le pouvoir despotique, serait trop dangereuse aux portes de l'empire russe, pour qu'on puisse supposer que le monarque l'accorde jamais de son plein gré; et il faut convenir que la Pologne ne sera pas de sitôt en mesure de l'exiger à main armée.

Cependant ces arrangemens politiques, qui lésaient de grands intérêts, n'avaient pas été conclus sans de vives discussions. Les hommes les mieux instruits prévoyaient une rupture prochaine, lorsque l'expédition de Napoléon en France vint resserrer les

liens .d'une coalition à demi ruinée.
On sait quel fut le résultat d'une
entreprise à laquelle il ne manqua
peut - être, pour réussir complète-
ment, que d'être tentée quelques mois
plus tard. Napoléon, terrassé, dans
ces mêmes champs où, vingt - cinq
ans plus tôt, la France républicaine
avait soutenu avec avantage le choc
de la première coalition, abandonna,
sans retour, le théâtre de sa gloire
immortelle, et alla mourir sur un ro-
cher aride au milieu des mers.

Alexandre ne put arriver assez tôt
pour prendre part aux opérations militaires de cette seconde invasion; mais
sa présence fut utile au moins pour mo-
dérer les rigueurs de la conquête, et
empêcher la dévastation de la France.

Il conclut à cette époque, avec la
Prusse et l'Autriche, un traité auquel,
par un abus des choses sacrées, ils
donnèrent le nom de *sainte-alliance*,
sans doute parce qu'ils prirent à té-
moin la majesté divine, de l'engage-

ment qu'ils contractaient de s'opposer, de tout leur pouvoir, à l'envahissement des idées libérales qui menaçaient d'apporter bientôt des entraves à l'exercice du pouvoir despotique du reste des rois absolus. Il est à remarquer que les monarques, qui n'avaient pu se débarrasser du système représentatif, ne furent pas admis dans cette coalition du pouvoir contre les empiétemens du peuple. La France et l'Angleterre demeurèrent en dehors.

Alexandre, de concert avec ses alliés, laissa en France une forte armée d'occupation et reprit le chemin de ses états; il traversa la Prusse, visita la Pologne et fit son entrée dans sa capitale au milieu d'un concours immense de peuples qui le récompensèrent par des cris d'enthousiasme de la gloire dont il venait de couvrir sa nation.

Pour compléter l'histoire des événemens importans de ce règne, il nous reste à parler de la posture que prit la

Russie en face de la lutte qui s'engagea dans l'Orient entre les esclaves et les satellites d'un maître couronné.

Les Grecs qui, sous le sabre des musulmans, avaient conservé leur religion et faisaient dans l'empire ottoman une nation distincte, avaient de tout temps regardé les Russes comme leurs alliés naturels, tant à cause de la conformité de culte qu'à cause de leurs querelles sans cesse renaissantes avec les Turcs, leurs oppresseurs : l'attitude que prit Catherine II, les secours qu'elle leur accorda en 1770, bien qu'ils n'aient servi qu'à faire exterminer une partie de la nation, avaient cependant fait naître des espérances qu'étaient venues confirmer plus tard les conditions qu'elle stipula en leur faveur dans le traité de Jassy. La tentative malheureuse de Lambro Cazzioni, en 1792, ne les découragea pas et quand Ypsilanti (1820) arbora en Moldavie l'étendard de la révolte, en promettant à ses concitoyens l'appui du tzar, les Grecs se levèrent en masse et coururent aux armes ; Alexandre, qui se trouvait alors à Laybach, désavoua formellement Ypsilanti et le fit même rayer des contrôles de son armée. Ypsilanti fut battu en Moldavie, mais les Moréotes avaient répondu par des cris de guerre aux proclamations de ce prince, et l'insurrection des Grecs éclata sur tous les points de l'empire où ils se trouvaient en force.

Le baron Strogonoff, ministre de la Russie à Constantinople, reçut ordre de déclarer que son maître prétendait observer la plus stricte neutralité. Les choses restèrent quelque temps dans cet état, mais le divan, soupçonnant la Russie d'agir secrètement dans l'intérêt des révoltés, et de leur fournir des armes et des munitions, assujettit à un droit de visite tous les bâtimens de cette nation qui passeraient le détroit des Dardanelles ; cette entrave apportée au commerce donna lieu à de vives réclamations, renouvelées bien-

tôt après au sujet du meurtre du patriarche grec et de l'emprisonnement
du banquier de la légation russe. N'ob-
tenant satisfaction sur rien, Strogonoff
rédigea une note conçue en termes si
menaçans, qu'on agita dans le divan
la question de savoir s'il ne convenait
pas à la dignité ottomane de l'envoyer
aux sept tours; le crédit de l'ambassadeur anglais para ce coup qui aurait
nécessairement amené la guerre. Le
cabinet de Saint-Pétersbourg parut
d'abord soutenir son ministre et signi-
fia à la Porte un *ultimatum* auquel on
devait faire une répouse dans un délai
fixé; la réponse se fit, mais en termes
évasifs, ou ne promettait rien : la Russie
reproduisit ses demandes, insista pour
obtenir l'évacuation de la Moldavie et
de la Valachie; du reste aucune dé-
monstration hostile ne vint appuyer ces
prétentions, et les Russes demeurèrent
tranquilles spectateurs du massacre de
leurs co-religionnaires, discutant gra-
vement, pendant qu'on les égorgeait, sur

la manière dont on devait interpréter le traité de Bucharest, et sur le mode d'exercer la *protection* que l'empereur russe avait promise aux Grecs : en attendant que l'on s'entendît à cet égard, on signifiait à plusieurs de leurs chefs qui s'étaient retirés dans les états du tzar, de chercher ailleurs un asile.

Une telle conduite dans des circonstances semblables, imprime à la mémoire d'Alexandre une tache indélébile ; l'histoire dira que ce monarque tout-puissant, qui deux fois accourut du fond de ses états à la tête d'un demi-million de soldats, pour s'immiscer dans le gouvernement d'un peuple qui ne demandait pas son intervention, et précipiter du trône un guerrier dont il avait reconnu les droits et souhaité l'alliance avec sa sœur, repoussa une nation généreuse qui se jetait avec confiance dans ses bras en implorant sa protection, et la livra à ses bourreaux, quand d'un mot il pouvait la sauver. Honte éternelle à cette froide politique qui arrête les élans de l'humanité et dessèche dans le cœur des souverains les sources de la compassion et de la sensibilité!

Les choses étaient dans cet état ; l'Europe attendait, avec impatience, une rupture qui paraissait toujours imminente; le soldat russe murmurait hautement et demandait la guerre, lorsque la mort vint (1825), frapper d'un coup subit l'empereur Alexandre, et terminer sa glorieuse carrière : il succomba à Tangarok, dans un voyage qu'il fit en Crimée, à la suite d'une maladie de quelques jours. Les victoires que ce prince remporta sur les Français, le renversement de Bonaparte qui en fut la suite, ne sont pas ses seuls titres de gloire; il travailla avec ardeur, et non sans succès, à constituer fortement la nation russe ; un système de colonisation militaire, en transformant chaque soldat en laboureur, et chaque laboureur en soldat, met à la disposition du tzar tous les hommes en état de porter les armes, et lui donne, pour attaquer, des moyens formidables, en même temps qu'il pourvoit à la défense du pays en cas d'invasion.

Nous regrettons que les bornes de cet ouvrage nous empêchent de développer une institution parfaitement adaptée aux mœurs, et à l'esprit du peuple russe, et qu'aucun autre souverain ne pourrait tenter d'introduire dans ses états sans compromettre son pouvoir.

Alexandre étant mort sans enfans, la couronne appartenait de droit à Constantin, son frère aîné, auquel il avait donné le gouvernement de la Pologne. Mais, depuis long-temps, la succession au trône, en Russie, se réglait d'après la volonté de l'empereur régnant, plutôt que d'après le droit de la naissance. Une renonciation de Constantin, confirmée par Alexandre, sur son lit de mort, laissait le sceptre au grand-duc Nicolas Paulowitch. Ce prince ne parut pas d'abord disposé à profiter de cet acte, et s'empressa, aussitôt qu'il connut le décès d'Alexandre, de faire proclamer Constantin empereur de toutes les Russies ; lui-même prêta, en présence du sénat assemblé, le serment de fidélité au nouveau souverain ; il fallut, pour le déterminer à prendre les rênes du gouvernement, que Constantin renouvellât formellement, et de son plein gré, une renonciation qu'on pouvait supposer lui avoir été arrachée par la contrainte. Ces princes donnaient ainsi au monde le spectacle bien rare de deux frères se renvoyant tour à tour la pourpre impériale.

Cependant il existait en Russie une société secrète, dont la formation remontait à la campagne de France, et qui, pendant les dernières années du règne d'Alexandre, avait recruté des affiliés dans toutes les classes de la nation et dans toutes les parties du royaume ; son but était l'abolition du gouvernement despotique et l'établissement d'une constitution. La mort d'Alexandre, et les troubles passagers qui la suivirent, présentaient une occasion favorable aux projets des conspirateurs ; ils résolurent d'agir sur - le-champ : une foule d'officiers distingués dans l'armée étaient entrés dans le complot ; on fit entendre aux troupes que Nicolas était un traître qui voulait profiter de l'éloignement de Constantin pour usurper la couronne. Mais les principaux conjurés n'étaient pas d'accord entre eux sur les moyens d'atteindre leur but ; dans les conciliabules qui se tinrent chez l'un des conspirateurs, la proposition de massacrer la famille impériale fut repoussée avec indignation par une partie des chefs ; et, lorsque l'exécution du complot commença, leurs projets n'étaient pas encore bien arrêtés. Au surplus, soit qu'ils aient été trahis, soit plutôt qu'ils aient mal pris leurs mesures, ils échouèrent complétement. Il est infiniment probable qu'un grand nombre d'individus, qui favorisaient la conspiration, voulurent voir, avant de se déclarer ouvertement, la tournure que prendraient les affaires : plusieurs compagnies de soldats, qui refusèrent de prêter serment à Nicolas Ier et arborèrent l'étendard de la révolte, furent mitraillées dans les rues de Saint - Pétersbourg, et obligés de déposer leurs armes. Miloradowitch, gouverneur de la ville, et quelques officiers, furent tués dans la bagarre. Le lendemain tout était rentré dans l'ordre. Nicolas fut proclamé sans opposition, et son autorité universellement reconnue. Cette insurrection donna lieu à une enquête sévère; l'empereur nomma une commission chargée de faire le procès aux coupables; les prisons furent encombrées, mais on ne sévit que contre ceux qui avaient dirigé le coup. Une vingtaine seulement furent condamnés à mort. Les autres devaient être exilés en Sibérie, ou subir une détention plus ou moins longue. L'empereur, en confirmant la sentence, fit plusieurs commutations de peines : l'arrêt de mort ne fut exécuté que sur cinq des plus audacieux. Les accusés montrèrent, en général, une grande fermeté, protestèrent constamment de la pureté de leurs intentions, et se glorifiaient hautement d'être entrés dans une conspiration qui devait, si elle eût réussi, affranchir les serfs et donner la liberté à la Russie.

Voici, d'après la gazette du sénat, le titre complet que prend S. M. I. en tête de tous les actes du gouvernement.

« Par la grâce secourable de Dieu, nous, Nicolas Ier, empereur et autocrate de toutes les Russies, de Moskwa, Kief, Wladimir et Novgorod; tzar de Casan, tzar d'Astrakhan, tzar de Pologne, tzar de Sibérie, tzar du Chersonèse - Taurique ; seigneur de Pskow; grand-duc de Smolensk, de Lithuanie et Volhynie, de Podolie et de Finlande; prince d'Esthonie, Livonie, Courlande et Sengalle, de Samogilie , de Bialistok , de Carélie, Twer , Jougorie, Permie, Viætka , Bulgarie, et autres pays ; seigneur et grand-duc de Novgorod d'en Bas, de Tchernigof, Riœsan, Polotsk, Rostof, Caroslaf, Bélo Osero, Oudorie, Obdorie. Kondie, Witepsk, Mitislaf, et dominateur de toute la région septentrionale ; seigneur du pays Ibérien, Kartalinien , Grusinien et Kabardinien ; seigneur suzerain héréditaire des princes Tcherkarriens , des montagnes et autres ; héritier de la Norwége ; duc de Slewik-Holstein, Stomarie, Ditmarre et Oldenbourg, etc., etc., etc. »

La cérémonie si dispendieuse , par laquelle un souverain, sans le concours de la volonté de ses sujets, qui la paie, se place la couronne sur la tête, vient d'avoir lieu à Moscou, au milieu des fêtes les plus brillantes. Le grand-duc Constantin s'y trouva , mais il ne fit qu'y paraître, et repartit de suite pour Varsovie.

Nicolas Ier paraissait avoir hérité des

dispositions pacifiques d'Alexandre; mais enfin les tergiversations continuelles de la Porte ottomane ne lasseront-elles pas sa patience? L'excursion des Persans sur le territoire russe ne changera-t-elle pas la marche diplomatique du cabinet de Saint-Pétersbourg?

Les armées d'observations qui se tiennent sur la frontière de l'empire, ont reçu l'ordre de se tenir prêtes à entrer en campagne au premier signal; les officiers rejoignent leurs corps en toute hâte. Le sabre et le canon vont-ils enfin remplacer les notes et les *ultimatum?* L'Autriche et l'Angleterre auront-elles assez d'influence pour arrêter l'empereur de Russie et éclairer la Perse et la Turquie sur leurs véritables intérêts? Ce sont des questions sur lesquelles il ne nous est pas permis de hasarder notre opinion, et dont les événemens se chargeront, dans peu, de donner la solution.

La Russie comprend aujourd'hui trois cent quarante mille trois cent soixante-un milles géographiques, elle s'étend d'Europe en Asie, entre le dix-neuvième et le cent quatre-vingt-huitième degré de longitude, et entre le quarantième et le soixante - dix - huitième degré de latitude.

Le grand Océan glacial forme la frontière septentrionale de la Russie, depuis Kola jusqu'au détroit de Béring ; elle est bornée à l'orient, depuis le cap oriental jusqu'au fleuve Amour, par les mers de Kamtschatka et de d'Ochotsk ; elle est séparée de l'Amérique par le détroit de Béring et de Cook. En vertu de la convention passée avec la Chine, en 1725, les limites des deux empires sont fixées à partir de la mer d'Ochotsk, par les montagnes de Stannovoi ; elles se dirigent ensuite au sud-ouest, jusqu'à la Gorbitza qui se jette dans la Schilka un peu au-dessus de l'Amour ; de ce point, allant à l'ouest, elles parviennent, en passant derrière les montagnes de la Sibérie, jusqu'à la Sougarie et la Mongalie chinoises. La ligne de Kousnetz prend ensuite et s'étend du Tom à l'Oby, traverse les monts Kolyvan, depuis la chaîne inférieure de l'Altaï jusqu'à l'Irtisch, près Outskamenoghorsk : là commence la ligne de l'Irtisch, qui s'étend jusqu'à Omsk, à travers le steppe des Kirghis et jusqu'à l'Oural; ensuite vient la ligne d'Orembourg, qui va jusqu'à Gourgies. sur la mer Caspienne. Les steppes de la petite et de la moyenne horde des Kirghis, s'étendent jusqu'aux monts Sougars. Depuis Gourgies jusqu'au Volga et au Tevek, la Russie a pour limites la mer Caspienne, la Perse, une partie du mont Caucase, le Kouban, la mer d'Asow et la mer Noire. A l'occident, l'empire est borné par la Gallicie, le grand-duché de Varsovie, la Prusse, la mer Baltique, le golfe de Finlande, le golfe de Bothnie, le Tornéo-Élef qui la sépare de la Suède; enfin, au nord-ouest, par la Norwège.

Un grand nombre d'îles dans l'Océan septentrional, le grand Océan et la mer Baltique, appartiennent à la Russie, qui possède en outre différens établissemens sur la côte de l'Amérique septentrionale.

On évalue la population entière de la Russie à quarante millions d'habitans; c'est peu si on la compare avec l'immense étendue de son territoire, mais c'est beaucoup si on la place dans la balance politique en regard des autres nations de l'Europe. On est surtout effrayé quand on réfléchit que, par suite du système de colonisation militaire adopté par Alexandre, un million de soldats intrépides, endurcis de longue main aux fatigues de la guerre, ne connaissant d'autre loi que la parole de leurs chefs, ni d'autre frein que la force, sont prêts à se lever tous armés, au premier geste d'un maître absolu, et à s'élancer sur la proie qu'il leur indiquera, tout-à-fait propres à renouveler de nos jours ces inondations de barbares du moyen âge. Quel empire

serait assez fort pour leur résister?
On parle d'un projet d'alliance entre
l'Autriche, la France et l'Angleterre,
contre toute tentative d'agrandissement que pourrait former la Russie;
mais si le désir de la conquête germait
dans la tête d'un tzar, les forces réunies de l'Europe suffiraient-elles pour
repousser dans leurs climats ces hordes
parfaitement disciplinées, enthou-
siastes de gloire militaire, avides de
pillage et de sang, habituées aux in-
tempéries d'un climat rigoureux, capables de supporter les privations de
toutes espèces, et qui ne se laissent
abattre par aucun revers? Espérons
qu'avant qu'il ne songe à répandre
ses forces au dehors, des commotions
intestines viendront briser ce colosse,
et délivrer les contrées méridionales de
l'Europe des craintes d'un envahissement dont les moindres effets seraient
d'arrêter les progrès de la civilisation.

FIN.